臺灣歷史與文化^{研究輯刊}

十 三 編

第 16 冊

丁念先隸書之研究（上）

涂璨琳 著

花木蘭文化事業有限公司

國家圖書館出版品預行編目資料

丁念先隸書之研究（上）／涂璨琳 著 — 初版 — 新北市：花木
蘭文化事業有限公司，2018〔民 107〕
目 2+180 面；19×26 公分
（臺灣歷史與文化研究輯刊 十三編；第 16 冊）
ISBN 978-986-485-308-3（精裝）
1. 丁念先　2. 書法　3. 隸書
733.08　　　　　　　　　　　　　　　　　　107001604

ISBN-978-986-485-308-3

9 789864 853083

臺灣歷史與文化研究輯刊
十三編　第十六冊　　　　　　ISBN：978-986-485-308-3

丁念先隸書之研究（上）

作　　者　涂璨琳
總 編 輯　杜潔祥
副總編輯　楊嘉樂
編　　輯　許郁翎、王筑　美術編輯　陳逸婷
出　　版　花木蘭文化事業有限公司
發 行 人　高小娟
聯絡地址　235 新北市中和區中安街七二號十三樓
　　　　　電話：02-2923-1455／傳眞：02-2923-1452
網　　址　http://www.huamulan.tw 信箱 hml810518@gmail.com
印　　刷　普羅文化出版廣告事業
初　　版　2018 年 3 月
全書字數　125031 字
定　　價　十三編 24 冊（精裝）台幣 60,000 元

丁念先隸書之研究（上）

涂璨琳　著

作者簡介

涂璨琳，1947 年生於台南縣北門村。師承傅狷夫、賴敬程、歐豪年。於全省美展及台北市美展獲首獎，榮獲中山文藝創作獎、吳三連文藝創作獎及國家文藝創作獎。1999 年創立「中華九九畫會」。曾擔任中國美協理事、吳三連文藝創作獎、台灣全省美展等獎之國畫類審查委員。任教於國立台灣藝術大學書畫系。

水墨繪畫，題材兼擅山水走獸花鳥，筆致疏朗爽勁，從傳統的中國技法鋪陳匯融了寫生與造境，重現台灣鄉居的自然風貌，經由畫者的水墨轉化，宣示一種當代的藝術映象。

提　　要

中國的書法，是世界上罕見的以文字書寫而獨立的藝術。除了文字的基本功用以外，它具有特殊的包含形、音、義的文字構造。具有特殊的書寫工具——毛筆、墨、硯、紙，沾了墨汁的毛筆在紙上行轉如意，宣紙吸收墨汁的多少和疾徐、濃淡和深淺，加上書家的興味，相互配合呈現了精絕優美的書法藝術。

漢代是隸書的全盛時代，之後，經過三國、兩晉、六朝逐漸式微。漢代以後，楷書、行書及草書成爲主要的書寫文字的書體。唐宋以降是「帖學」大盛，書家雖多，如歐陽修分書等都寫的很差，只有太宗的「泰山銘」爲最好，其他諸人如史惟則等都不及太宗。宋代書隸的書家更少，其中只有晏褒較有名，元朝卻有個吳炳，頗具漢法。此外大書家如趙子昂，和明代的文徵明，都不擅長隸書。

直到清代乾隆、嘉慶年間，士人間一股研究「金石學」的復古風潮湧起，由於金石考古之學的發達，碑學受人重視，書家們潛心研究文字學，宗法篆書與隸書、北碑正書，成就書法史上的一個新的高峰。在清代中晚期時名家輩出，如金冬心、鄧完白、黃小松、伊秉綬、劉墉、何紹基、李瑞清、沈曾植、王文治、翁方剛、楊沂孫、包世臣、趙之謙、吳昌碩等，都是一代大家，表現了清代書法的非凡氣象。民國三十八年國民政府撤退來台以後，知識界的菁英份子來到台灣，開啓了一個新的文化遷移與傳承的新時代。當時的文藝界大老如于右任、奚南薰、高拜石、彭醇士、溥儒、陳含光、傅狷夫、王壯爲、莊尙嚴、曾紹杰、張隆延、陳方、馬壽華、丁念先等人，在台灣藝壇上均負書名。其中丁念先的隸書，是啓蒙筆者弱冠之時識書的書家之一，及長筆者 1967 年進入國立藝專專注於繪畫學習與創作，心中常深欽慕丁念先先生隸書的豐瞻雅醇，時想或有幸能見面請益，不意丁念先先生卻於 1969 年遽逝，令人婉惜。筆者在創作繪畫之餘，三十餘年間陸續收藏丁念先先生書法作品，常撫其書作，想其風範，深深感到其對筆者在書法學習上的影響。

在民國三十八年前後隨國府撤退來台的一批知識菁英，爲台灣文化界注入新的活力，這些耆宿菁英對於今日台灣蓬勃的文化發展是功不可沒的，其中又以藝術表現最爲顯著。如今歲月荏苒，多已垂老謝世，過往燦爛的藝業漸蒙塵，不爲後人所知，筆者深以爲憾，因此故陋所知，其中以隸書名重當世藝壇的丁念先先生，對其現存世的隸書作品進行研究。

本文以丁念先的隸書創作爲主要研究範圍，其他資料分析均爲此一目的而存在。以其隸書創作爲主要之研究目的，側重於書跡的淵源、技法、工具及書寫審美觀、藝術觀的分析研究。有關丁念先的生平記述，特別是四十二歲以前的作品與行誼，傳世資料甚少，2001 年上海書畫出版社所編的《海上繪畫全集》，是目前唯一收錄丁念先在 1949 年渡海前在上海的藝壇事蹟，適時的補充了原先未知的部分，也令人見識到他原在上海藝壇活動的頻繁，對於師承的脈絡、後來收藏的動機，比較有進一步的理解。

丁念先同時也是著名的書學研究學者，一生研究著作等身，所發表的書藝研究論文及書學考據文章有數十種之多，如討論隸書的〈漢史晨前碑考釋〉、〈漢魯相乙瑛請置孔廟白石卒史碑考釋〉、〈兩漢石刻文字與石刻畫〉、〈漢北海相景君銘考釋〉等，均是本文所引用的重要研究論述。從其研究文字可探索丁念先的隸書，是如何從古碑中擷取創作泉源，及他對隸書的審美觀點，都能得到進一步的研究觀點。2004 年 1 月 13 日，筆者與林錦濤教授往拜訪鍾克豪先生，承鍾先生慨借丁念先先生漢碑研究資料油印本一冊，碑銘十五種，包括「堂谿典請雨銘」、「華山廟碑」、「孔宙碑」、「魯峻碑」、「三老諱字忌日碑」、「漢延光殘碑」、「張壽碑」、「魯孝王刻石」、「五瑞圖題字」、「三公山碑」、「郙閣頌」、「開母石闕銘」、「西狹頌」、「韓仁銘」、「桐柏廟碑」等。資料末尾，見打字印刷〈焚扇記〉，及「五十年多至前夕寫於念聖樓」，這份丁念先未完成的草稿，其中對漢碑進行了整理和考證的工作，可能就是未完成的《漢碑集證》的一部份。資料是使用鋼板油印，使用當時先生服務單位物資局油印廢紙的背面空白頁，觀其背面，尚有物資局四十一年、四十六年局內文書表格字樣。從上述顯示的時間來看，先生所寫的研究資料時間大抵如此。

存世作品書跡以《上虞丁念先先生書畫遺墨》中收錄之丁念先在 1970 年歷史博物館遺作展作品 45 件爲主，丁氏家屬提供 23 件、筆者收藏十二餘件書蹟作品爲副，及筆者得以獲覩之存世原作墨跡，合計 128 件。從存世作品書跡中進行探索其臨碑拓的種類，及個人書風衍變，與獨特書風的建立。也從書札中探知其生平交友及抒懷等。也從其作品款署題識中，比對其研究資料中的書學理念，印證其創作理念與情性表現。存世書跡的分期，其三十九至四十四年以前之早期作品難以蒐全，有待未來持續探查；先生於民國四十五年至五十一年間的作品創作，博涉眾家，含括隸書、篆書、楷書及行草書，可說是廣泛使用各種書體的時期。五十二年至先生逝世五十八年間的作品，已逐漸專攻隸書作品，建立了自己獨特的書風。

丁念先是一位學識淵博、精於鑑賞的書學藝術家，他獨創的隸書風神奇絕面目，卓立於當世，獨步光復後的臺灣書壇，極受同時書家敬重，其隸書造詣成就環顧近代海內外，尚無人能夠超越，享有崇高的地位與評價。本文從丁氏論著文及相關書跡、文稿資料中整理，共收集一二八件書跡，進行排比研究，探討其隸書特質。丁氏之隸書，是知識氣質出眾的「學人之書」，其隸書係從兩漢碑拓入手，縱橫於孔廟三碑，尤以禮器碑、史晨碑最爲得力，其中受禮器碑碑陰、碑側影響，發展出字距緊密、行距寬鬆的書藝章法，不論其臨摹任何碑帖，皆以他自己的隸法「一以貫之」，這在他無意間留下的精彩題簽上，尤其明顯。而他在隸書品上以草書款識的搭配，顯現出一種嚴整與放逸的相生相映之美，更是創作的重要特徵。

致　謝

　　此次研究工作，因老成凋謝，資料收集不易，以致多所困難，研究上未
臻完善是在所難免。在此對提供資料及作品之丁氏家屬丁珩女士、丁瑜、丁
璟先生，謹致感謝之意。對於指導教授林進忠先生的辛勞輔導，至爲感激。
並承師長吳平先生、陳其銓先生、張清治先生多所賜教，及莊永固先生、薛
志揚先生、蕭進興先生、張進勇先生、吳棕房先生、鍾克豪先生、吳豐彰先
生、游世勳先生、黃銀敦先生、黃東鏞先生諸位的大力襄助，及內子楊式昭
女士打字校稿，在此一併致謝。

涂璨琳　謹上

目

次

第一章　緒　論

　　中國的書法，是世界上罕見的以文字〔註1〕書寫而獨立的藝術。除了文字的基本功用以外，它具有特殊的包含形、音、義的文字構造。具有特殊的書寫工具——毛筆、墨、硯、紙，沾了墨汁的毛筆在紙上行轉如意，宣紙吸收墨汁的多少和疾徐、濃淡和深淺，加上書家的興味，相互配合呈現了精絕優美的書法藝術。

　　中國的書法發展，早在殷商時代就已經注意到字形的美觀，董作賓先生說：「武王之世，是殷代文化最高潮時期，太史都是書契名手，他們的作品，姿勢豪放，功力充沛，行款整齊錯綜。書契以後，加塗硃墨，使其色彩鮮麗，極為美觀，都是無可非議的。」秦代統一天下後，中國文字也全國歸為一統，也就是基於日常書寫便捷，秦初用徒隸（管獄訟之事的小官）之書，故名隸書，由於文字應用日漸廣達，取其簡易，至西漢時小篆就被隸書取而代之。

　　在西漢武帝時期之後，隸書就已進入發展的成熟期，呈現出較具系統的面目，至東漢之世更達於高峰。眾多的東漢碑書，形成了規整美和裝飾美的書風，具代表性的有〈乙瑛碑〉、〈禮器碑〉、〈孔宙碑〉、〈衡方碑〉、〈熹平石經〉、〈曹全碑〉、〈張遷碑〉等。

　　漢代是隸書的全盛時代，之後，經過三國、兩晉、六朝逐漸式微。漢代以後，楷書、行書及草書成為主要的書寫文字的書體。唐宋以降是「帖學」大盛，書家雖多，如歐陽修分書等都寫的很差，只有太宗的「泰山銘」為最好，其他諸人如史惟則等都不及太宗。宋代書隸的書家更少，其中只有晏褒

────────────

〔註1〕董作賓〈為書道全集詳論卜辭時期之區分〉文字，引自莊嚴《中國書法》中頁三，台北：國立編譯館，1997年。

較有名，元朝卻有個吳炳，頗具漢法。此外如大書家如趙子昂，和明代的文
徵明，都不擅長隸書。

　　直到清代乾隆、嘉慶年間，士人間的一股研究「金石學」的復古風潮湧
起，「金石學」，「金」是指銅器上的篆書文字，便稱爲金文。「石」則是指刻
在石碑上的篆、隸、正書；由於金石考古之學的發達，碑學受人重視，書家
們潛心研究文字學，宗法篆書與隸書、北碑正書，成就書法史上的一個新的
高峰。在清代中晚期時名家輩出，如金多心、鄧完白、黃小松、伊秉綬，劉
墉、何紹基、李瑞清、沈曾植、王文治、翁方剛、楊沂孫、包世臣、趙之謙、
吳昌碩等，都是一代大家，表現了清代書法的非凡氣象。

　　民國後的書法，仍然延續篆、隸與北碑的遺風，然而隸書的面貌卻有所
轉變，書家的自身風格特別突顯，民國初期褚德彝、高野侯、胡漢民的隸書
都寫的極好，胡漢民專寫曹全碑，不如褚、高兩先生雄偉有變化〔註2〕。民國
三十八年國民政府遷至台灣，成爲中國書法史上另一個書法中興的時期，在
眾多書家之中，丁念先先生無疑是其中一位具有獨特風格的書法家。

　　　　丁念先是一位對書學有研究的書法藝術家，對於中國書學有如
　　下的看法：「中國書學，向推二王爲正宗，從隋唐以迄清初，始終未
　　變。……殆至晚清，包安吳提倡北碑，康南海揚其餘波，於是所謂
　　「三尺之童，十室之社，莫不口北碑，寫魏體。」書風爲之劇變，
　　期間雖有何子貞、趙撝叔諸公，推陳出新，變化新意，而帖學式微，
　　山陰一派，幾已不絕於縷。」〔註3〕

　　中國書學至清末民初時，已經開始有不同的走向，丁念先觀察在民國十
年（1921）時上海書壇的氣象，說：

　　　　民國十年我到上海，當時享盛名的書家如沈子培、康長素、李
　　梅庵、吳昌碩、馮夢華、朱古微、曾農髯、鄭蘇戡、褚禮堂諸老，
　　無一祖述二王，他們專事發揮個性，不肯依傍古人。但都有規矩可
　　循，無媿名家。

但在抗戰勝利後的1945年左右，上海書壇有了奇特的變化，丁念先說：

　　　　對日抗戰勝利後，我重回上海，那時上海的書風，突然一變，

〔註2〕〈丁念先談八分書〉《藝粹雜誌》二卷四期1968年9月30日出版，15頁。
〔註3〕〈丁念先從二王書風談到董開章先生之書〉《暢流》28卷1期，第19頁，
　　　52.08.16。

　　平時以致力碑學著名的，如趙叔孺、和馬公愚、鄧糞翁二兄，都已
　　改寫二王，寫怪字的人，竟告絕跡。另外還發現了專寫二王的三顆
　　新星，都在台灣，而且都是中國書法學會的中堅份子。

待丁念先 1949 年渡海來台，台灣書壇仍然延續著以二王爲主的書風：

　　　　　目前台灣的書風，雖各體都很盛行，但仍以羲、獻一派爲主流。
　　同社彭醇老，曾泛論此間書家，亦以習二王書體者爲主要對象，而
　　且最推崇董開章和程滄波。吾友王壯爲年來主張革新書體，但他自
　　己的作品，也以二王爲安身立命之基。」〔註4〕

　　從丁念先上述的對書學風潮的簡要的觀察，他既知書壇風潮已經由碑轉
帖，爲何在他渡台的二十年間，他仍繼續從事臨碑寫隸，而且不懈怠的作碑
拓方面的研究，實在是一個奇特的現象，這種堅持，使得他的隸書更爲突出
於台灣書壇，他的隸書造詣成就，在台首屈一指，恐怕環顧近代海內外，還
沒有人能夠超越。

第一節　研究動機

　　清代書法高潮的一個顯著特色，就是篆、隸書與碑體的復興。而民國三
十八年國民政府撤退來台以後，知識界的菁英份子來到台灣，卻開啓了一個
新的文化遷移與傳承的新時代。當時的文藝界大老如于右任、奚南薰、高拜
石、彭醇士、溥儒、陳含光、傅狷夫、王壯爲、莊尙嚴、曾紹杰、張隆延、
陳方、馬壽華、丁念先等人，在台灣藝壇上均負書名。其中丁念先的隸書，
是啓蒙筆者弱冠之時識書的書家之一，及長筆者 1967 年進入國立藝專專注於
繪畫學習與創作，心中常深欽慕丁念先先生隸書的豐瞻雅醇，時想或有幸能
見面請益，不意丁念先先生卻於 1969 年遽逝，令人婉惜。筆者在創作繪畫之
餘，三十餘年間陸續收藏丁念先先生書法作品，常撫其書作，想其風範，深
深感受到其對筆者在書法學習上的影響。

　　迄今丁念先逝世已三十餘年，對於丁念先的研究及記述，極其有限。對
於這樣一位學識淵博、精於鑑賞的書學藝術家，是值得去研究他的藝術，弘
揚他對文物研究的貢獻的。

〔註4〕丁念先〈從二王書風談到董開章先生之書〉刊登於《暢流》28 卷 1 期，19 頁，
　　　　1963 年 8 月 16 日。

第二節　研究目的與方法

（一）研究必要性

在民國三十八年前後隨國府撤退來台的一批知識菁英，爲台灣文化界注入新的活力，這些耆宿菁英對於今日台灣蓬勃的文化發展是功不可沒的，其中又以藝術表現最爲顯著。如今歲月荏苒，多已垂老謝世，過往燦爛的藝業漸蒙塵，不爲後人所知，筆者深以爲憾，因此故陋所知，其中以隸書名重當世藝壇的丁念先先生，對其現存世的隸書作品進行研究。

再以，丁念先先生已逝世三十五年，其博大的書法藝術，至今尚無人進行專門的研究，且其同時的書壇道友亦多已凋謝，或亦年近老邁，欲尋根探源，多所困難。因此在時機上。有其迫切之必要性，此時若不即時著手進行收集資料及研究，未來則更爲困難。

（二）研究方法

本文從丁念先先生資料收集著手，舉凡書跡、文稿等，收集相關資料進行分類（從 1949 年來台，直至其逝世後的資料及後人研究文章），進行研究整理分析。先從其背景資料，探討其生平、時代背景及習字之淵源，探求其治學、收藏與創作書法之間的關係。從其現存隸書書跡，以其所用之工具及其臨帖的角度、技法，分析其創作特質。將現存書跡排比編年，製作書跡年表。最後探討先生在當代書家中的地位，以同時代書友與其書風進行比較研究。

（三）預期成果

在著手對丁念先之生平及書藝創作資料之收集，以書跡資料進行探尋其創作根源及脈絡，將之歸納排比，進行分析研究，企圖建構一個自民國三十八年後渡海藝術菁英，在台灣所發展的時空背景中，一個傑出書家的隸書創作的風貌。

並以丁念先存世時，其同輩著名及書法家書法評論者。對其書法藝業的評價，進行收集整理，藉以顯現其在當時的地位與評價。並收集近年來從事渡海藝術家研究之學者專家，所整理對丁念先隸書藝術的研究與評價，彰顯丁念先的隸書在此五十年間的藝術價值。

第三節　研究內容及主要引用資料

（一）研究內容

本文以丁念先的隸書創作爲主要研究範圍，其他資料分析均爲此一目的而存在。以其隸書創作爲主要之研究目的，側重於書跡的淵源、技法、工具及書寫審美觀、藝術觀的分析研究。有關丁念先的生平記述，特別是四十二歲以前的作品與行誼，傳世資料甚少，此爲本研究的基本限制。

（二）主要引用資料

1、相關研究重要參考資料

主要以丁念先逝世後所編的《上虞丁念先先生書畫遺墨》及鍾克豪先生重編之《重編上虞丁念先先生書畫遺墨附名家信札及資料》兩本書畫集，作爲研究之第一手資料，此二書是紀錄先生最可靠的創作墨跡遺本。

丁念先同時也是著名的書學研究學者，一生研究著作等身，所發表的書藝研究論文及書學考據文章有數十種之多，如討論隸書的〈漢史晨前碑考釋〉、〈漢魯相乙瑛請置孔廟白石卒史碑考釋〉、〈兩漢石刻文字與石刻畫〉、〈漢北海相景君銘考釋〉等，均是本文所引用的重要研究論述。從其研究文字可探索丁念先的隸書，是如何從古碑中所擷取創作泉源，及他對隸書的審美觀點，都能得到進一步的研究觀點。

2001 年上海書畫出版社所編的《海上繪畫全集》（半耕盧主人提供），是目前唯一收錄丁念先在 1949 年渡海前在上海的藝壇事蹟，適時的補充了原先未知的部分。也令人見識到他原在上海藝壇活動的頻繁，對於師承的脈絡、後來收藏的動機，比較有進一步的理解。

2、存世作品書跡

以《上虞丁念先先生書畫遺墨》中收錄之丁念先在 1970 年歷史博物館遺作展作品爲主，筆者收藏十餘件書蹟作品爲副，及筆者得以獲覩之存世原作墨跡，合計約共有百餘件左右。從存世作品書跡中進行探索其臨碑拓的種類，及個人書風衍變，與獨特書風的建立。也從書札中探知其生平交友及抒懷等。也從其作品款署題識中，比對其研究資料中的書學理念，印證其創作理念與情性表現。

第二章　丁念先家世及生平行誼

　　丁念先先生原名榦，字守棠，一號思翁，別署念聖樓主人，浙江上虞人。生在民國前六年（清光緒三十二年丙午，1906 年）三月廿四日，民國五十八年（己酉年、1969 年）八月廿二日晨因患肝疾去世，享年六十四歲。

第一節　家世——上虞望族　書香世家

　　丁念先出生於浙江省上虞縣章鎮薑山的南麓，地名張峽村，該處當曹娥江上游，是隱潭溪和管溪向曹娥江合流之處。其家族自宋代淳化年間世居於此，其尊人靜齋公，守先人遺業，半工半讀，爲鄉里所推崇。前清宣統三年，丁念先六歲時，聘名師謝梅仙先生，自設家塾於宗祠中，十三歲就讀紹興，十六歲至上海，修完舊制中學四年，民國二十一年畢業於正風文學院中國文學系〔註1〕。

第二節　藝壇良緣　鶼鰈情殷

　　民國廿五年，經友好介紹，丁念先與謝聖鏞女士訂婚（圖 2-1）〔註2〕，廿六年元旦結婚於上海。伉儷訂婚之日，滬上名人二百數十人詩畫以賀，他曾選擇賓客書畫及賀詞其中一部份，編印成八開大本，名爲「念聖締緣集」一冊（圖 2-2），作爲永久紀念。

〔註1〕參羅伯乾：〈代傳〉《上虞丁念先先生書畫遺墨》。
〔註2〕摘自「念聖締緣集」頁首，丁瑜提供。

圖 2-1　　　　　　　　　　　　圖 2-2

關於謝聖鏞夫人事蹟，一般著錄甚少，《海上繪畫全集》中記「夫人謝聖鏞，書學王大令，偶作梅竹小冊。」〔註3〕可知謝聖鏞女士是書畫兼美的女子。謝聖鏞女士原為丁念先表妹，服務於教育界，嫻淑賢慧，才華茂美，擅長書畫，成婚之後，因志趣相同，感情彌篤。張隆延先生曾記：

> 博雅精鑑，世家富有，謝賢夫人在日，皆能拔釵助其藏書。

〔註4〕

> 一雙藝壇伉儷，朝夕切磋，收藏書籍，藝事益進。

丁念先「念聖樓」齋號的命名，更是用他和謝夫人姓名的上一字而合成，以示永結同心之意，足見二人相愛之深。「念聖樓」三字題額，是他們在上海結婚時，葉恭綽先生所書贈的，後有張元濟先生跋曰：

> 丁君念先喜蓄書具，賢偶聖鏞女士與有同好，因闢斯樓弄藏之所，並聯二自以名之。書曰克念作聖，蓋以證二人之同心也，讀書之樂樂無窮，趙氏之歸來堂恐不得專美於前矣。古鹽官張元濟書年八十三。

二人姻緣可以比美趙孟頫與管道昇了。「念聖樓」題額是由丁念先自己刻篆於木匾上，一直懸掛在他台北市同安街的寓所內〔註5〕（圖2-3）。

〔註3〕參《海上繪畫全集》頁930，上海書畫出版社，2001年12月。
〔註4〕張隆延〈十人書展〉《文星雜誌》第四卷第三期，1959年7月1日，30頁。
〔註5〕參羅伯乾：〈代傳〉收入《上虞丁念先先生書畫遺墨》。後此「念聖樓」匾額

圖 2-3

民國三十八年上海時局動盪，謝夫人先攜二子一女來台，五月時，丁念先搭乘最後一班輪船來台，五月廿二日上海即淪陷。他來台後先進入台灣省政府服務，暫居新竹市花園街，謝夫人卻在同年七月一日突患急病逝世，年僅三十八歲，殊堪惋惜。因此張隆延先生說起：

> 我來台北，丁夫人已謝世；不及親見這位和易安居士風雅同德
> 的女史。可是，常聽念先兄說起當日顏齋：取夫婦名中一字，原是
> 幸志同好的韻事，不意自己的「念」字，今日竟成語讖〔註6〕！

說起謝聖鏞的去世，實是庸醫所誤，據丁念先三公子丁璟說，實係盲腸炎，誤診爲胃病，病情拖延以致轉成腹膜炎而不治〔註7〕。丁念先遭此變故，哀痛逾恆，那時還在新竹工作，每晚下班後常獨自一人至其夫人墓園憑弔，風雨無間。不久竟一病經年，直至三十九年冬始康復。他是虔誠的基督徒，當夫人逝世十週年時，他還寫了一篇「聖經新約」隸書（圖2-4），爲他的夫人默默祝福，款云：

> 吾妻謝聖鏞女士，自幼受宗教環境之薰陶，是最虔誠之基督教
> 徒。三十八年五月，避匪禍來台，方慶虎口餘生，暫獲苟安，不幸
> 於是年六月三十日，突患急病，於次晨逝世，享年僅三十八歲。念
> 吾妻與予結褵十三年，中經抗戰、剿匪，艱苦備嘗，生育子女六人，
> 獨任教養之勞，予之對國家民族能略盡職責，皆其匡助之力。今日
> 屬其去世十週年紀念之日，適予參加十人書展，敬錄新約哥林多前
> 書第十五章五十節至五十六節全文，助其靈魂得救，永生天國。民
> 國四十八年七月一日，上虞丁念先於念聖樓。

仍懸掛於丁念先長公子丁瑜宅中。

〔註6〕見十之（張隆延）〈念聖樓所藏書畫識小錄〉《文星雜誌》七卷，6 期，1961
　　　年 1 月 4 日，18 頁。

〔註7〕筆者於 2004 年 2 月 22 日訪問丁念先兒子丁瑜、丁璟兄弟。

圖 2-4　丁念先書「聖經新約」隸書

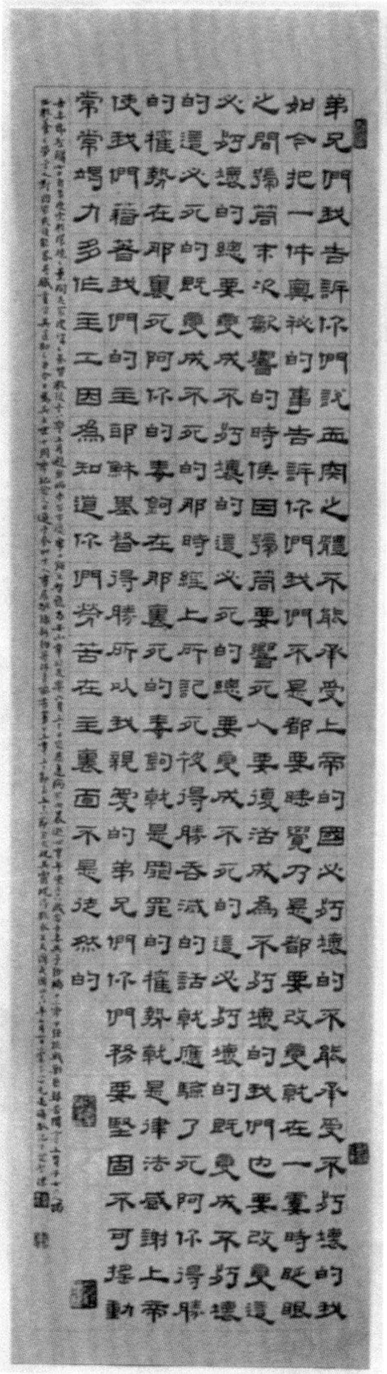

摘自《上虞丁念先先生書畫遺墨》

丁念先喪妻之痛，並未因十年的歲月而稍減，夫妻情篤可以理解他因此一生未再續絃，獨立扶養三個子女，其內心的孤寂及淒惻，都寄情於書畫研究創作上。子女六人，長女珩、次女珂、長子瑜、三女瑾、次子璠、三子璟，其中長女珩、長子瑜、三子璟，隨父母來台，均完成大專教育，學有專長。惜其餘子女三人，均陷大陸，丁璠是由祖母照顧，丁珂、丁瑾讀教會寄宿學校。子女六人中，丁瑜、丁珂、丁瑾三人均聾啞，或許是因為丁念先與謝夫人為表兄妹，屬近親結婚的緣故。長子瑜雖聾啞，但經丁念先教以書畫，並從高逸鴻先生學畫，能世家學，書畫卓然有成。1967 年 11 月，丁瑜曾在台北國軍文藝活動中心舉行首次國畫個展，展出五十餘幅作品〔註8〕，可惜在 1969 年丁念先去世後，他的書畫創作逐漸停頓，早年在中華陶瓷廠工作，現擔任中華聾啞協會常務理事。

第三節　生平行誼

丁念先於十六歲時至上海，修完舊制中學四年，民國二十一年畢業於正風文學院中國文學系之後，就在上海開始進入社會工作。這部分的資料非常有限，僅見于大成先生寫到先生在上海的往事：

> 他初到上海，在市政府教育局服務，全市遊樂場所，凡平劇、電影、相聲、話劇、文明戲以及什錦雜耍等，都歸他管。每晚他都要到各遊樂場所去巡視，看有否黃色及違反政策的節目，有則加以警告，連續三次，即予以歇業若干天，甚至吊銷執照的處分。因之，戲院老闆們無不對他畏懼三分，有的竟僱了打手準備對付他。戲院每晚都有為他留的一個固定座位，有一次某影院特僱了個堂子裡的姑娘，就坐在他固定座位的緊鄰，打算開演後突然給他一個耳光，大喊「你調戲老娘」，給他個當場難堪。誰知丁先生剛毅而不畏強禦的精神，素日給他們的印象太深刻了，深恐鬧出事來無以善其後，竟臨時把這主意打消了。事後有人告訴他，他也一笑置之。他常招集民間藝人訓話，告訴他們說：別人把你們看成跑江湖的，我都認為各位是最有力量的教育家，因為一個大學教授，其所能影響的，不過課堂裡幾十個人；各位的影響，卻能及於上千人，且每天都有

〔註8〕〈畫展介紹——記一對藝術界的父與子，名書法家丁念先，及其子聾啞青年畫家丁瑜〉《藝粹》一卷，5 期，14 頁。

新的對象，一年下來不知要影響多少萬人。各位假如能善自利用這
種教育的力量，則你們對國家的貢獻，強過大學教授不知有若干倍。
我希望各位不要把自己看輕了，要努力為國家為社會多盡一分力
量，使社會上對各位漸轉變其觀念，各位的社會地位會因之提高，
會受到各界尊重的。〔註9〕

到了抗戰期間，上海淪陷，因此丁念先帶了一批流亡學生，回到故鄉上虞接
辦春暉中學，供他們讀書。春暉中學位於白馬湖畔，民國十年（1921），經
亨頤策劃，陳春瀾捐資創建。所網羅的教師皆一時之選，二十年代初，如今
日在台的苑壽康先生以及朱自清、豐子愷、夏丏尊、朱光潛等，都在這裡執
教過。學校中有一字樓、科學館、圖書館、曲院等，各棟建築均有長廊相連，
當年經亨頤校長所居「長松山房」，豐子愷所居「小楊柳屋」，夏丏尊所居「平
屋」均今尚存。丁念先留起了長鬍子，每晚放學後，常散步於街頭田邊，村
中兒童輒遙指之，曰：「丁鬍子來了！〔註10〕」

這期間，還有值得一提的，當時新編三十師，奉命死守金華。但因補給
困難，實在支持不下去。有人就介紹某師長往見丁先生，丁念先毅然自承負
責供給軍用物資，遂利用個人在地方上的聲望，號召鄉人，命每家每日出米
二斤，大戶或至百斤，以供軍食。又設法自餘姚等地轉運食鹽、棉花，來供
給軍方，才算把這支軍隊穩住。又組織自衛隊來保衛地方，因此上虞地方治
安甚好〔註11〕。

抗戰勝利後，因為丁念先的國民黨背景，共匪欲加殺害，遂連夜化裝逃
往上海。後在上海市政府社會局工作，主管出版事業，因為績效卓著，曾獲
上海市政府嘉獎令及獎狀〔註12〕。各書店知道他愛書，在圖書出版送審時，
往往同時也附帶的送他一本，至於大部頭的書，因成本過高，則亦出錢購買。
所以他藏有勝利後上海各書局所出版全部的書。閒中，又每喜逛舊書店，故

〔註9〕 于大成〈丁念先先生二三事〉，頁 102-3，《重編上虞丁念先先生書畫遺墨》，
1991 年，書藝出版社。

〔註10〕 于大成〈丁念先先生二三事〉，頁 102-3，《重編上虞丁念先先生書畫遺墨》，
1991 年，書藝出版社。

〔註11〕 于大成〈丁念先先生二三事〉，頁 102-3，《重編上虞丁念先先生書畫遺墨》，
1991 年，書藝出版社。

〔註12〕 據 2004 年 2 月 22 日承丁璟先生告知，及見台灣省物資局公務員任用審查證
明文件條列顯示《重編上虞丁念先先生書畫遺墨》，1991 年，書藝出版社，頁
94。

所蓄古本亦至多。可惜這些書都沒能攜出，來台前裝了四十箱，都寄存在震旦大學圖書館中了。今日他的書齋「念聖樓」中滿坑滿谷的書，都是來台後重新購買的，其中也有些是託人到日本和香港買來的〔註13〕。

　　從丁念先的台灣省物資局公務員任用審查證明文件條列中，見到有京滬航警備總司令部上海區黨政軍聯合辦事處調派令〔註14〕，推測他當時可能已經在京滬航警備總司令部上海區黨政軍聯合辦事處。擔任特殊任務及工作。因此《重編上虞丁念先先生書畫遺墨》中所見到的一份三十六年五月廿六日設計委員會的會議紀錄內容，可以涵蓋此一推想，此會議的地點在青年團，出席者有吳國楨市長，及陸京士、陶一珊、方治等人，由丁念先擔任紀錄〔註15〕，內容有對共產黨的若干打擊行動。

　　丁念先 1949 年來台的後半生，由於是隨上海市政府撤退，先在省政府服務，定居新竹市花園路，由於謝夫人的逝世，活動力沉寂了下來。1953 年進入物資局服務〔註16〕，遷居台北市同安街，直至退休。除公務外，主要以書畫與教學為主。1962 年以後，中國文化學院延聘丁念先擔任中國文化研究所教授〔註17〕。1963 年後，也應聘為中國文化學院藝術研究所美術組教授，講授藝術史、書畫鑑賞、書道研究等課程，仍不斷著述，1968 年擔任《藝壇》雜誌主編，1969 年自創《新藝林》雜誌，並自任主編，至直去世。

第四節　在藝壇上的活動

　　丁念先的生平，本文以 1949 年遷台為重要人生轉折分水嶺。其前半生在滬上的活動，雖然我們所知不多但他在上海期間的藝業成就，已被選編入上海出版之《海上繪畫全集》，對其 44 歲前的書畫成就備加推崇，唯未記丁念先卒年。全集中所敘述者，大抵限於 1949 年以前藝業成就而已，可見其 44

〔註13〕于大成〈丁念先先生二三事〉，頁 102-3，《重編上虞丁念先先生書畫遺墨》，1991 年，書藝出版社。

〔註14〕見丁念先台灣省物資局公務員任用審查證明文件條列顯示《重編上虞丁念先先生書畫遺墨》，94 頁，1991 年，書藝出版社。

〔註15〕台灣省物資局公務員任用審查證明文件《重編上虞丁念先先生書畫遺墨》，96～97 頁，1991 年，書藝出版社。

〔註16〕見丁念先台灣省物資局公務員任用審查證明文件條列顯示《重編上虞丁念先先生書畫遺墨》，1991 年，書藝出版社，頁 94。

〔註17〕見中國文化學院中國文化研究所聘書《重編上虞丁念先先生書畫遺墨》，1991 年，書藝出版社，

歲之前之書學已成就斐然，足得以列入海上重要藝術家之林〔註18〕。

　　丁念先前半生在上海藝壇的一些活動，限於資料的不足，頗難周全勾勒全貌。據《海上繪畫全集》所述及丁念先的前半生，都是在上海就學及發展，可說發展既早，又頭角崢嶸，在藝壇上甚為活躍。就讀中學時，年方16歲，就得吳昌碩引介進入「海上題襟館金石書畫會〔註19〕」，同年並與劉文淵、許鑄成等組織「青年書畫會」。1926年「題襟館金石書畫會」停辦後，又與丁輔之、高野侯等另組「古歡今雨社」。又歷任「中國畫會」執行委員兼總幹事、「中華藝術教育社」監事、「中國畫會」常務理事。並在抗戰期間故宮博物院古物南遷時，任行政院駐滬監盤委員〔註20〕，擔任相當重要的執行工作。1939年繼續當選中國畫會第八屆執行委員。

　　即以《海上繪畫全集》年表中記述之宣佈舉行抗戰勝利後第一次大會，4月20日在育才中學舉行，由孫雪泥報告開會宗旨，賀天健報告上屆會務，丁念先報告復原經過，並且當選理事，並與孫雪泥、鄭午昌、賀天健、施南池等當選常務理事〔註21〕。

　　《海上繪畫全集》年表中記述，1948年4月25日中國畫學會於南京路冠生園舉行年會，丁念先當選理事之事〔註22〕。同時也記1949年3月25日，上海美術館籌備處、中國畫會、青年畫會在八仙橋青年會舉行美術節慶祝會，舉馬公愚、張中原、孫雪泥、鄭午昌、許士騏、丁念先、施南池為主席團成員〔註23〕。此時丁念先已成為上海藝壇代表性人物，個人聲望達到最高峰。

　　1949年即是上海淪陷之年，5月27日上海陷落，淪陷之速是當時始料未及的，是年3月尚在上海慶祝美術節，5月時丁念先卻在匆忙間離開了令

〔註18〕參《海上繪畫全集》，頁930，上海書畫出版社，2001年12月。

〔註19〕該會係成立甚久之畫會，1911年（清宣統三年）9月在小花園旅館陳設助賑彩件等活動，參見《海上繪畫全集》，頁983，上海書畫出版社，2001年12月。

〔註20〕參《海上繪畫全集》，頁930，上海書畫出版社，2001年12月。

〔註21〕同當選理事者有汪亞塵、孫雪泥、鄭午昌、賀天健、榮君立、李秋君、馬公愚、張聿光、陳定山、張大千、熊松泉、陸丹林、李祖韓、施南池等，參《海上繪畫全集》，頁1076，上海書畫出版社，2001年12月。

〔註22〕同當選理事者有汪亞塵、孫雪泥、鄭午昌、賀天健、榮君立、馬公愚、張聿光、陳定山、俞劍華、熊松泉、陸丹林、施南池、許士騏等15人，參見《海上繪畫全集》，1076頁，上海書畫出版社，2001年12月。

〔註23〕參見《海上繪畫全集》，頁1084，上海書畫出版社，2001年12月。

他意氣風發的上海。渡海到台灣。剛剛落腳尚未安定下來，7 月初夫人旋即逝世。因此，可以說 1949 年是丁念先一生命運的轉戾點，從高峰上突然跌落，不但失去了上海藝壇的舞台，也失去了至愛的妻子。對他關愛照顧的長輩丁輔之，亦在此年去世。三年後的 1952 年，他的老師高野侯也在上海去世。

　　丁念先來台的後半生，除公務外，主要以書畫與教學爲主。1963 年以後，於中國文化學院藝術研究所美術組，講授藝術史、書畫鑑賞、書道研究等課，仍不斷著述。並曾擔任第二十二屆全省美展書法評審委員〔註 24〕。1968 年 3 月他赴菲律賓，襄贊文物展覽中國館的工作〔註 25〕。

　　由於從事文物研究的關係，丁念先嘗試主編學術性雜誌期刊，先在 1968 年擔任《藝壇》雜誌的主編，在因故辭去後，1969 年元旦復獨立創「新藝林」雙月刊〔註 26〕，並兼主編。他主編《新藝林》雙月刊，以他本身豐富的收藏文物及研究論文爲《新藝林》紮根，使得《新藝林》之水準，成爲當時藝壇中雜誌之冠〔註 27〕。

〔註 24〕張台生《台灣地區前輩美術家作品特展（書法專輯)》，台灣省立美術館，1994年。

〔註 25〕于大成〈丁念先先生二三事〉《重編上虞丁念先先生書畫遺墨》，1991 年，書藝出版社，頁 102-3。

〔註 26〕于大成〈丁念先先生二三事〉《重編上虞丁念先先生書畫遺墨》，1991 年，書藝出版社頁，102-3。

〔註 27〕張台生《台灣地區前輩美術家作品特展》（書法專輯)，台灣省立美術館，1994年。

第三章　丁念先的書法淵源

　　關於丁念先幼時的習書經過，由於資料所限，並沒有清楚的說明。僅知在前清宣統三年（1911）時年六歲，聘名師謝梅仙先生，自設家塾於宗祠中。十三歲就讀紹興，十六歲至上海，修完舊制中學四年，1932 年畢業於正風文學院中國文學系〔註1〕。

　　丁念先十六歲到上海讀中學時，帶著所寫隸書謁見吳昌碩先生，承引介進入〈海上題襟館金石書畫會〉，對於當時上海藝壇的情況，有描述的文字：

　　　　民國十年我到上海，當時享盛名的書家如沈子培、康長素、

　　　　李梅庵、吳昌碩、馮夢華、朱古微、曾農髯、鄭蘇戡、禇禮堂諸

　　　　老，無一祖述二王，他們專事發揮個性，不肯依傍古人。但都有

　　　　規矩可循，無媿名家。〔註2〕

民國初年時的書壇都崇尚碑學，對三代鼎彝、秦漢刻石、權量、瓦當錢布、璽印磚文、六朝碑版等，均爲書家所重視及學習研究，因此上述書家，都是如此。師友交遊的環境，提供他無比豐富的資料，豁然開展眼界及創作思路，啓發他的書寫觀念和創新的靈感，因此追本溯源，直師漢隸，同時擷取其他書體之長，對他中年以後書風的建立，有相當重要的影響。

第一節　習書之師承

　　關於丁念先習書之師承，在他的〈海上藝林述往〉一文之〈海上題襟館

〔註1〕參羅伯乾：「代傳」收入《上虞丁念先先生書畫遺墨》。
〔註2〕丁念先〈從二王書風談到董開章先生之書〉刊登於《暢流》，28 卷 1 期，19
　　　　頁，1963 年 8 月 16 日。

金石書畫會〉會員名錄中，他在自己名下注為「禮堂、欣木、亮公弟子。」
〔註3〕因此得已確知他的師承三位老師，即褚德彝（禮堂）、高時顯（欣木）
及駱文亮（亮公）三人而以拜駱文亮老師為最早。

丁念先在十六歲時，經吳昌碩先生的介紹，正式投入巴縣駱文亮先生
（亮公）的門下，學習書法，並從金石書畫家褚德彝（禮堂）、高時顯（欣
木、野侯）諸先生游。據《海上繪畫全集》年表中對丁念先師承的記述：

> 書宗兩漢，於《乙瑛》、《史晨》、《華山》諸碑致力尤深，為師
> 友吳昌碩、高野侯、丁輔之、趙叔孺推許。山水法董、巨，偶摹秦
> 漢小印。喜藏書。〔註4〕

所提及的師友有吳昌碩、高野侯、丁輔之、趙叔孺等人，未提及褚德彝、駱
文亮。

丁念先與吳昌碩、駱文亮的師門淵源，在〈海上藝林述往〉一文中，說
的很明白。他見吳昌碩先生時，年僅 16 歲（1921 年），已經在寫隸書，並持
習作向吳昌碩先生請教，並加入〈題襟館金石書畫會〉。而丁念先最初寫隸書
的啟蒙老師為誰，在六歲時，家中聘名師謝梅仙先生，自設家塾於宗祠中讀
書，或許也開始寫字。由於吳昌碩是開啟丁念先通往上海藝壇的引介者，因
此，理應置於本節之首。

1、吳昌碩

據丁念先在〈海上藝林述往〉一文中，清楚說明了如何去見吳昌碩先生
的情形。謹錄原文：

> 我於民國十年五月到上海讀書，這年七月裡，同里父執張國慶
> 先生專程從孝豐遞舖鎮來探望我。他說順便要去拜訪吳昌碩先生。
> 張先生是從吳先生表叔號叫履安的甥婿，他拿了履安老先生的介紹
> 信，並吳先生為履畫的摺扇，我當時還不知道吳先生是何許人，
> 經他的說明，才知道是當代最享盛名的篆刻大師。我那時已開始學
> 分隸，就拿了寫的字跟著他到北山西路吉慶里去謁吳先生。他住的
> 是一棟二樓二底向南的石庫房子，客堂間陳設簡單的桌椅，前廂房
> 懸掛一張放大的全身畫像。畫室和臥房在樓上，因為吳、張兩先生
> 第一次見面，吳先生特地下樓。在客堂間會晤，他們談了一會，張

〔註3〕 丁念先：〈海上藝林述往〉（三）《新藝林》，頁 34。
〔註4〕 參見《海上繪畫全集》年表，頁 1013，上海書畫出版社，2001 年 12 月。

先生就把我寫的字給吳先生看，並請他指教，要求他收我作一個小
門生。吳先生很客氣的說：他自己不善寫隸書，答應介紹我加入〈題
襟館〉，並轉介紹一位善寫隸書的駱亮公先生為老師。我從此也作了
題襟館的會員。〔註5〕

吳昌碩先生是丁念先進入上海藝壇的引介者，他不但介紹他加入〈題襟館〉，
並轉介紹一位善寫隸書的駱亮公先生為老師。因為加入〈題襟館〉的關係，
才能在之後拜金石書畫家褚德彝（禮堂）、高時顯（欣木、野侯）為老師。
他與吳昌碩先生沒有師徒名份的原因：「事後我才知道，先生那時已不收學
生，如果有特別的關係，掛個名還是可以的，不過贄敬以前是白銀五百，此
刻最低也得送一千、二千。這實非我一個寒素的農家子弟所能負擔的。」但
丁念先也說：「平心而言，我追隨吳先生六年多，行跡不比王啓之、劉玉庵、
吳石公、諸聞韻來的疏遠。」〔註6〕雖然沒有師徒的名份，但追隨吳昌碩先
生也有六年餘。據丁念先所記吳昌碩先生行誼：

> 安吉吳昌碩，原名俊，一名俊卿，字昌碩，號缶廬、苦鐵、老
> 缶、大聾等，民元以後以字行。生於清道光二十四年甲辰，卒於民
> 國十六年丁卯，年八十四。他與吳大澂同為近代大家，身後尤享大
> 名。其書畫篆刻，皆能發揮其個性，富於創造，與清卿規行矩步，
> 謹守古法，各趨極端。他專寫石鼓文，因為當時石鼓文舊拓難得，
> 近拓殘泐過甚，模糊不清，所以終身專臨阮元刻的四明范氏天一閣
> 北宋拓本。他民國十六年去世，未及看到安國所藏的三本北宋拓原
> 石景印本。寒齋藏其八十歲所臨石鼓全文，能用長鋒迴腕，運化自
> 如，以神龍天矯之勢，於厚重端莊之中，集控縱之能事。〔註7〕

吳昌碩先生是當代非常重要的藝術領袖，他的篆刻藝術名聞天下，在 1913 年
被公推為在杭州正式成立的西泠印社社長。由於吳昌碩先生在 1927 年的逝
世，導致題襟館金石書畫會的終止。

因為吳昌碩先生客氣的說不善寫隸書，才引介駱文亮先生為丁念先的老
師，吳昌碩說的大半也是實情，丁念先跟隨吳昌碩先生六年，在隸書的研習
上可能沒有直接的師承，但以一個初出茅廬的新人而言，吳昌碩的畫室，真

〔註5〕丁念先：〈海上藝林述往〉（一）《新藝林》，頁31。
〔註6〕丁念先：〈海上藝林述往〉（一）《新藝林》，頁31。
〔註7〕丁念先《二十世紀人文科學——藝術篇》第二章〈六十年來的甲骨文金文與
　　　碑學〉第三節——六十年來「碑學」書家的簡評，頁211。

是得天獨厚的學習環境，在耳濡目染下，應是長了不少藝壇見識，對他的藝業的層次提昇有相當的助益。

　　2、駱文亮（～1932）

　　丁念先的父執張國慶先生，要求吳昌碩先生收他作一個小門生。吳先生很客氣的說他自己不善寫隸書，轉介紹了一位善寫隸書的駱亮公先生為老師。據丁念先所記駱文亮先生行誼：

> 巴縣駱文亮，字亮公。生於清同治十三年甲戌，卒於民國二十一年壬申，享年五十九。亮師以杭州白雲寺住持，秘密主持光復會浙中會務。徐錫麟、秋瑾事敗，亡命日本，與吳祿貞、何敘甫訂蘭交。祿貞石家莊遇刺，遺孤十人，臨終托孤於先生。及宋漁父被刺，先生悲痛之餘，自謂其革命事業，從此告終。遂隱居上海，鬻字為生。接受吳昌老勸告，返俗成家。其書法最為蒼老、太炎諸先生所推崇，於篆書專寫散盤，隸則張公方。嘗對人說：「篆體結體多長，余取其圓。隸書結體多扁，余取其方。」楷書宗鍾，行草學王。吳昌碩書其潤例曰：「亮公以篆隸之筆作正草，鬱勃縱橫，茂密雄奇，兼而有之。」師寫字不論篆隸正草，榜書小楷，皆懸腕慢書，用濃墨長鋒羊毫，筆筆著實，真能力透紙背。〔註8〕

駱文亮是吳昌碩的好友，他原倡導革命事業，在宋教仁被刺以後，心灰意冷的回到上海隱居，以賣字為生，而且接受吳昌碩的建議，還俗成家。先生識駱文亮自然是還俗以後的事。因為資料收集的困難，王壯為先生就有說到丁念先：

> 嘗言初學隸於駱文亮先生，於桓靈名碑無不臨撫，而一以己法運之，駱先生書未之獲睹，念先之隸則茂密古秀，自成一格，大有異於清代民初諸家之所為。〔註9〕

無法見識到駱文亮的書跡，目前僅能從上述文字中揣摩所謂「隸書結體多扁，余取其方」的隸書方體結構，確是丁念先隸書的諸多特色之一。此外，駱文亮於篆書專寫散盤，在丁念先的篆書書蹟中，亦僅見書散盤，並且在篆

〔註8〕丁念先《二十世紀人文科學──藝術篇》第二章〈六十年來的甲骨文金文與碑學〉第三節──六十年來「碑學」書家的簡評，頁217～218。

〔註9〕王壯為〈王跋〉頁105《重編上虞丁念先先生書畫遺墨》，1991年，書藝出版社。

字上貫徹了駱文亮所說的「篆體結體多長，余取其圓」的法則。他也終生貫徹了用濃墨長鋒羊毫，寫字皆懸腕慢書的行事風格，筆筆著實，盼能一如乃師，力透紙背。據丁念先的記述，駱文亮對於張遷碑致力最深，可謂形神俱得〔註10〕。但終丁念先一生，並沒有書寫張遷碑的書跡傳世，而且對吳平先生表示，張遷碑並不可學〔註11〕，這可能是其師生理念不同之處。其次吳昌碩說駱文亮「以篆隸之筆作正草，鬱勃縱橫，茂密雄奇，兼而有之。」這段話很重要，丁念先的草書落款，確是有「以篆隸之筆作正草」的行筆態勢。由於1921年駱文亮就逝世，丁念先僅21歲，但這段習書的歷程，才是影響他一生隸書書風的關鍵。

3、高野侯（1878～1952）

在《民國書法史》中，記高野侯的事略說：

> 高時顯，字欣木，號野侯，又號可庵。他是時豐之弟，時敬、時衷、時數之兄。兄弟以書畫、收藏鑑賞名重一時。浙江杭州人。清光緒21年舉人，官內閣中書。辛亥革命以後，參加中華書局籌建工作，任常務董事兼美術部主任。曾輯校《四部備要》，影印《古今圖書集成》等。高氏工詩文，師宗杜少陵，得雄渾奔放之情趣。書法以八分為時所譽，畫梅堪稱獨步，紅梅綠萼，妍雅絕倫，喜用「畫到梅花不讓人」之閒章。曾收藏前人所畫梅花500餘幅，顏其室曰「五百本畫梅精舍」。所藏又以王元章之梅花長卷最為珍貴，乃名其齋為「梅王閣」，自署別號「梅花閣主」。他的篆刻上追秦、漢，下逮宋、元，秀雅可愛，然非至交不可得。其對印章之鑑定極有造詣，於印學頗多貢獻。高氏在弘揚書法藝術方面也有貢獻，曾將本人及親友所藏明清兩代書家近400人所寫楹聯輯成《楹聯墨跡大觀》十集，於民國十七年（1928）由中華書局金屬版部印製，選擇精美，字體清晰，對書家與廣大書法愛好者大有裨益。〔註12〕

丁念先所記高野侯先生行誼：

> 杭州高時顯，字欣木，號野侯，可庵，生於清光緒四年戊寅，

〔註10〕丁念先〈兩漢石刻文字與石刻畫〉（下）《大陸雜誌》第三十卷第六期。
〔註11〕見附錄〈吳平先生訪談紀錄〉。
〔註12〕孫洵《民國書法史》注（89），頁57，江蘇教育出版社，1998年。

辛於民國三十九年庚寅，享年七十三。欣師擅金石書畫，富收藏。梅王閣，五百本畫梅精舍皆爲其齋名。畫梅享盛名，法煮石山農。書宗兩漢，功力之深，與禮堂師不相上下。而規矩謹嚴，猶有過之。師繼陸費伯鴻爲中華書局董事長，該局出版碑帖最著，皆經師審定，題簽亦多出其手。楷書學歐，小楷猶精。〔註13〕

1913 年高野侯任中華書局董事、美術部主任。自此中華書局陸續出版名人書畫影印本百數十種。此外，高氏還主編西泠印社《金石家書畫集》共十八冊，主持輯校《四部備要》〔註14〕。高氏在 1924 年去職，由鄭午昌接替〔註15〕。

1926 年錢瘦鐵、高野侯、丁輔之發起〈古歡今雨畫社〉，錢瘦鐵任社長。該社是在〈海上題襟館金石書畫會〉因缺乏經濟來源停止活動後，由該會後期主持人丁輔之、錢瘦鐵、高野侯倡議組成，原〈海上題襟館金石書畫會〉的很多會員因此轉入〈古歡今雨書畫社〉〔註16〕。

丁念先拜高野侯爲師的時間雖不清楚，但肯定在加入〈海上題襟館金石書畫會〉以後，也在謁見吳昌碩先生和拜駱文亮爲師以後。丁念先所藏民國 12 年初版，14 年再版之《墨林今話》，正是高野侯任中華書局董事長時事，由高氏以隸書題簽，款署「野侯書耑」（圖 3-1），字體清勁富書卷氣。與記述所說的「楷書學歐，小楷猶精」的說法相符。集得一幅高野侯隸書中堂（圖 3-2），均爲臨漢孔季將碑，所書卻呈現丁念先所說的「規矩謹嚴」的書風，凝練工穩，卻也筆致溫雅。

其師高野侯嘗用一方〈書宗兩漢〉朱文印在丁念先亦喜用一方〈書宗兩漢〉白文印章〔註17〕（圖 3-4），或許可以說明其師對他書法理念上的影響是一脈傳承的，也說明了「書宗兩漢」隸書，正是丁念先先生一生書寫隸書的宗法對象。

〔註13〕丁念先《二十世紀人文科學——藝術篇》第二章〈六十年來的甲骨文金文與碑學〉第三節——六十年來「碑學」書家的簡評，頁 219。
〔註14〕參見《海上繪畫全集》年表，頁 986，上海書畫出版社，2001 年 12 月。
〔註15〕參見《海上繪畫全集》年表，頁 1009，上海書畫出版社，2001 年 12 月。
〔註16〕參見《海上繪畫全集》年表，頁 1013，上海書畫出版社 2001 年 12 月
〔註17〕這方印章是由王壯爲所刻贈，見《玉照山房印選》（上），第 65 頁。

圖 3-1　高野侯的《墨林今話》題寫扉頁

圖 3-2

摘自武進張春渠集《現代名人墨書》，發行人：莊財福，台南
龍輝出版社，民國 67 年 1 月（1978 年），第 47 頁

圖 3-3　高野侯用印

圖 3-4　丁念先用印

摘自《明清名人刻印精品彙存》
〈高野侯序〉鈐印

王壯爲刻

4、褚德彝（1871～1942）

　　褚德彝初名德儀，字守一，一字漢成，又字禮堂，再字公禮，因避帝諱，改名德彝。晚號松窗，又號籀遺。浙江餘杭縣人。是民國初年著名的碑版學家。工書，善篆刻，精鑑賞，楷書學褚河南，隸則專攻禮器碑。著有《金石學續錄》、《印人餘續》、及《松窗遺印》等書。

　　據丁念先「餘杭褚德彝，原名德儀。字禮堂，號松窗，守隅，漢威。生於清同治十年辛未，卒於民國三十一年壬午。年七十二。禮堂師以金石名家，並精鑑別。曾參端方幕府，匋齋所藏碑帖，多經審定，並爲題識。辛亥後僑寓上海，法書名畫，凡經師題跋，莫不聲價百倍。篆刻書畫，皆尚瘦勁清逸之趣，得未曾有。於金文大篆，無所不能。……〔註18〕」所記褚德彝先生行誼。

　　褚德彝精鑑藏的事蹟，一是曾受聘入端方幕府，端方爲清末的大收藏家，爲其整理鑑藏碑帖，所有的碑版都由其經手鑑別。其次在孫洵《民國書法史》中記，清季知名的書家、收藏家張祖翼，在 1917 年去世後，所有珍貴碑帖，什九流入禮堂家，揣摩之餘，藝益精進。此兩批碑帖文物，都是質量均富的。因此另一段記述褚德彝之博學深厚，是說王述庵的《金石萃編》中所錄的金石文字中若有不可辨識者，輒以方框代之，而禮堂在此表現了他的博聞強識，竟然一一就其方框，釋出文字加以填補，此舉被馬公愚先生見到，爲他的博學咋舌驚異。褚氏的收藏，最後因吸鴉片煙，年老手抖，不能寫字酬應以得潤筆，在生計逐漸困難之下，竟然將許多藏品論斤出售，爲小

〔註18〕丁念先《二十世紀人文科學——藝術篇》第二章〈六十年來的甲骨文金文與
　　　　碑學〉第三節「六十年來「碑學」書家的簡評」，頁217。

－25－

販捆札而去，以致藏品最後仍然散失〔註19〕。丁念先沉醉於金石碑帖的鑑別與收藏，應是得自褚德彝得的教導與傳承。

丁念先在何時拜褚德彝為師雖不清楚，但時間上肯定在加入〈海上題襟館金石書畫會〉以後，並在謁見吳昌碩先生和拜駱文亮為師（1921年）以後，但褚德彝與高野侯的前後時間不詳。

關於褚德彝的書法創作，記載說他工篆書，尤精漢隸，專攻禮器碑，使筆遒勁，富盛譽於清季。丁念先讚美他的書法說：「分隸以禮器築基，然後上窺西京，下逮建安，金文石刻，莫不收入腕底。自清中葉，鄧完白、伊墨卿，各以雄渾蒼勁之筆，發揮其天賦，而兩京遺法，蕩焉無存。先生衝破二家藩籬，直造漢人之室。瘦勁猷逸，面目為之一新。行楷學褚，參以說文字體，美妙絕倫。」〔註20〕

傳世所見褚德彝隸書軸一件，係節臨〈史晨饗孔廟奏〉，書於庚午年正月〔註21〕。若將此隸書作品，與丁念先隸書作品相比較，當可見其師徒間一脈傳承的痕跡〔註22〕。（圖3-5之1，3-5之2褚德彝隸書軸）丁念先嘗試的說他自己的隸書是以（禮器）為基礎，正自來自褚德彝的隸書書風，在另一件〈節臨漢史晨饗孔廟奏〉隸書作品（圖）。以〈禮器〉用筆書〈史晨〉的痕跡分外明顯。諸多丁念先的隸書用筆，與此作十分神似。而〈仗酒〉隸書對聯（圖3-6）中的誇張用筆，更是被丁念先繼承而轉化無遺。

褚德彝〈篆書〉中堂，款識為「漢開母石闕銘文字奇古直接秦篆，此臨明榻本，壬戌九秋褚德彝（圖3-7褚德彝篆書軸）〔註23〕」丁念先少見篆書，值得注意的是，褚德彝題款楷書，卻與丁念先題款字體書寫習慣相似，褚德彝與丁念先的遺作中絕大部分的款識是長款，內容常見其對碑的研究心得或記事，丁念先於長款裡更擴為情感抒發的地方，而丁念先所書晚年更為寫意，趨向行草書寫的自然書體。

褚德彝現存書跡中，另一件同於庚午年所書的〈臨金文母辛卣篆書〉（圖3-8），款識：「母辛卣前年出湘中，文奇古，近殷虛甲骨刻文，庚午正月褚德

〔註19〕孫洵《民國書法史》注（99）頁59，江蘇教育出版社，1998年。

〔註20〕丁念先《二十世紀人文科學——藝術篇》第二章〈六十年來的甲骨文金文與碑學〉第三節——六十年來「碑學」書家的簡評，褚德彝條下，頁217。

〔註21〕《民國時期書法》，443頁，四川美術出版社，1988年3月。

〔註22〕武進張春渠《現代名人墨寶》，台南龍輝出版社，1978年。

〔註23〕《民國時期書法》，443頁，四川美術出版社，1988年3月。

彝。〔註24〕」所書爲湖南出土的青銅器母辛卣的銘文，書風見嚴整規矩清麗。

圖 3-5 之 1
褚德彝「臨史晨碑隸書」

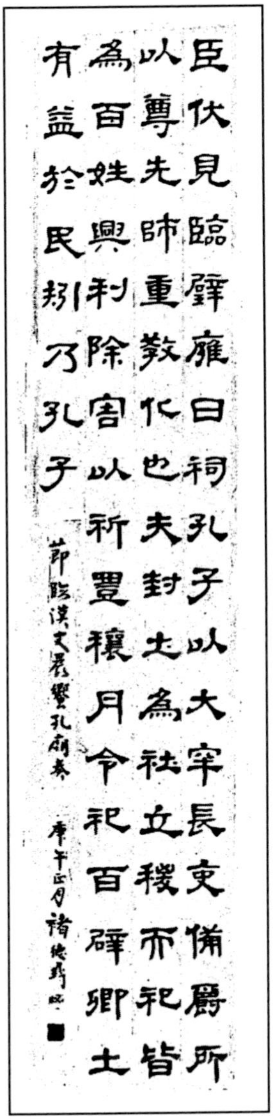

圖 3-5 之 2
褚德彝「臨史晨碑隸書」

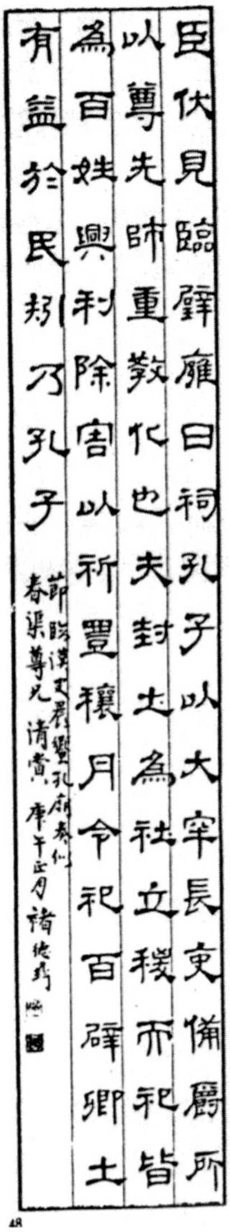

採自《民國時期書法》1988 年

採自武進張春渠集《現代名人畫寶》1988 年

〔註24〕 《近代名家書法展專輯》，82 頁，台中市立文化中心出版，1988 年。

圖 3-6

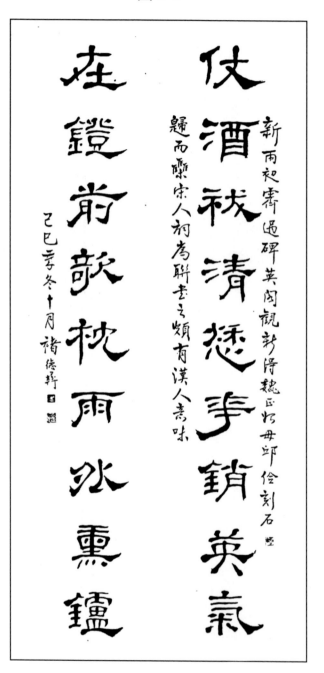

圖 3-5 之 1 及圖 3-5 之 2 等二件作品係屬同一件，出現在民國
1978 年及 1988 年出版不同圖錄，然 3-5 之 2 較早之影本上有
「春渠尊兄」上款，在圖 3-5 之 1 影本上已被移去。

圖 3-7

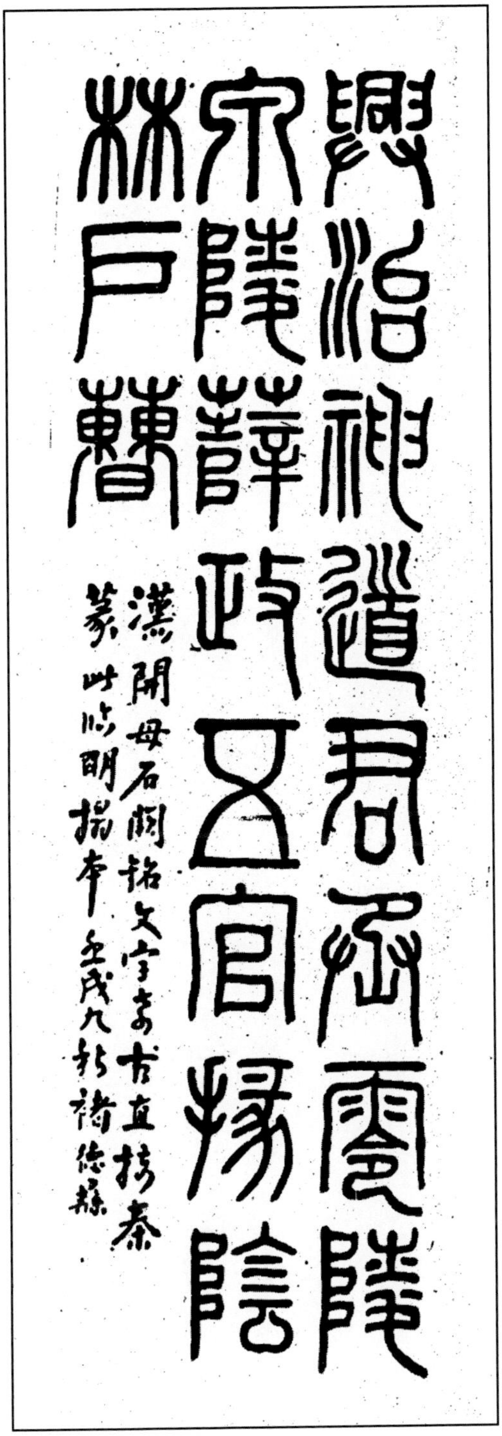

圖 3-8　褚德彝「臨金文母辛卣篆書」

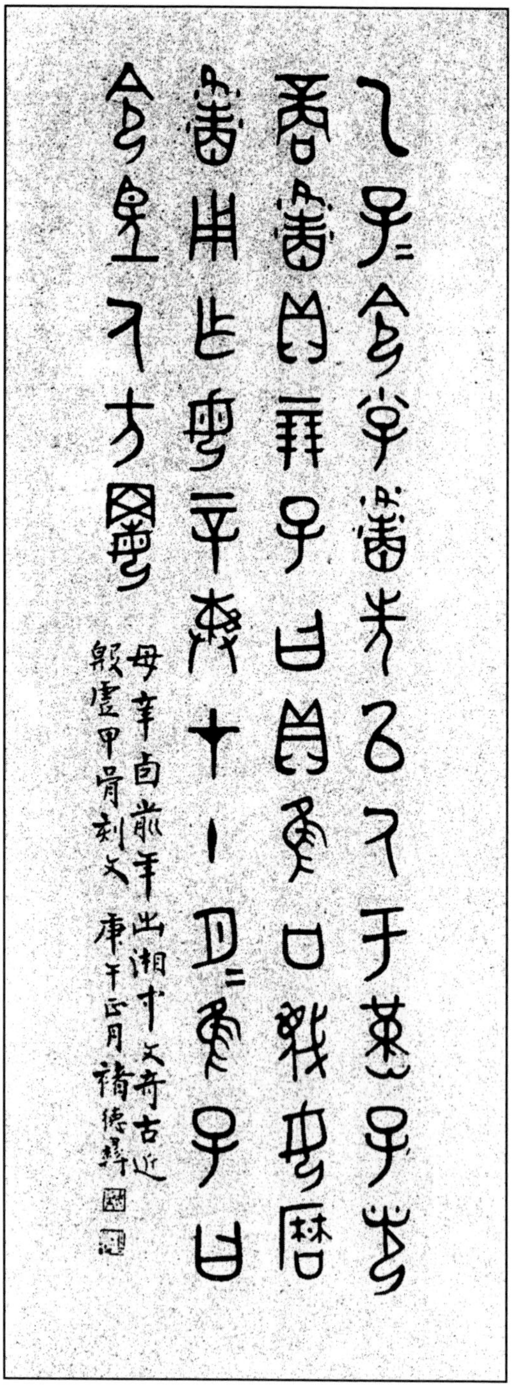

採自《近代名家書法展專輯》

第二節　書法展示及相關活動

關於丁念先書書法展示及相關活動，依照前文的分期，以先生進入藝壇的 1921 年開始，並以渡海之年 1949 年爲界，將丁念先前半生與後半生兩個段落，分開敘述探討。

（一）前半生——1921～1948 年

丁念先進入藝壇，當是始於十六歲時（1921 年），得吳昌碩先生引介加入〈海上題襟館金石書畫會〉，同年與劉文淵等發起組織〈青年書畫會〉。民國十五年，題襟館停頓，與丁輔之、高野侯等另組〈古歡今雨社〉。曾歷任上海畫會執行委員兼總幹事，上海美術會理事等〔註25〕。得吳先生引介加入〈海上題襟館金石書畫會〉，開啓了先生在上海的藝文圈發展，說是一生中藝術發展上極爲重要的契機。因此要從〈海上題襟館金石書畫會〉開始談起。

1、海上題襟館金石書畫會

據先生在〈海上藝林述往〉一文中述及，由父執張國慶先生帶去見吳昌碩先生，並請他指教所寫的隸書，吳先生答應介紹他加入〈題襟館〉，從此就作了題襟館的會員〔註26〕。

「海上題襟館金石書畫會」約是在清光緒中葉以後成立的。丁念先曾在〈海上藝林述往〉一文中詳述，基本上當時它是上海早期正式的有組織的書畫會，如吳昌碩先生、王一亭先生曾爲前後任會長、副會長。上海爲十里洋場，非常繁榮，民國以後，凡前清遺老有身份的文人中極多愛好書畫的，吳昌碩先生等書畫家也從蘇州遷居上海，因此陸續加入了〈海上題襟館金石書畫會〉，無形中成了他們的俱樂部。大約到晚飯後，大家就聚攏在此，談論有關金石、書畫、詩文，因爲幾位中堅會員多數是親身經歷清末政治生活的，也談及清季的政治掌故，因此是個增長見識的好所在。

會員在會的活動，「會所有現成筆墨，會員興到，也有當場寫字作畫的。吳先生來時，待他抽足鴉片，常常被拉著題畫。亮師專爲先生備有鴉片槍，供他使用，別人則無此權利。」〈海上題襟館金石書畫會〉是如何結束的，先生寫道：

到了民國十五年的秋裡，會員間爲了一點小小的誤會，加以吳

〔註25〕〈近代名家書法展專輯〉台中市立文化中心出版，1988 年。
〔註26〕丁念先：〈海上藝林述往〉（一）《新藝林》，頁 31。

先生年事過高，而且多病，遂告停頓。〔註27〕

丁念先從民國十年入會，至十五年會務結束，這段為時六年的經歷，非常重要，奠定了他的書畫見識，並為之後伏收藏鑑賞文物的種子。所以王壯為先生說：

念先早入海上題襟館，多隨諸老游集，年齡最幼，其時已以能畫知名朋輩中，然平生未嘗多作。渡台後十餘年間作書不少，作畫蓋不及十之一，而筆意高夐，又非尋常阡陌、攀宗附派者比。亦由自弱冠以來，所接者多老宿，所見者多名跡，陶鎔浸潤自然脫略故也。〔註28〕

當時的會員，丁念先表列於文後，供研究者查詢，其中如楊守敬、何維樸、樊增祥、吳穀祥、張祖翼、沈曾植、陸抰、黃山壽、倪田、褚德義、駱文亮、吳待秋、丁輔之、馬駘、賀天健、錢瘦鐵、陳巨來、楊伯潤、金城等，俱為海上名家，一時之俊彥〔註 29〕。丁念先前半生在上海藝壇的一些活動，由於資料不多，頗難周全勾勒全貌，不能不引為遺珠之恨。僅從《海上繪畫全集》年表中查得數則，均為 1935 年的活動。

1935 年元旦，丁念先參加上海社會教育社為鼓勵社員書畫興趣並募集改良連環畫經費，特舉辦的社員書畫展覽會。展出錢瘦鐵、馬公愚、唐冠玉、丁念先、顧坤伯、施南池、張眉孫等人的作品〔註30〕。

1935 年 3 月 15 日起，中國畫學會舉辦美術講座，聘黃賓虹、張聿光、孫雪泥、錢瘦鐵、賀天健、丁念先、鄭午昌、施南池、江小鵬、謝海燕、陳定山、俞劍華等主講。

（二）後半生 1949～1969 年

丁念先後半生來台以後的展覽活動，最重要的是「十人書展」。

1、十人書展

先生後半生來台以後的參加結社，最重要的是「十人書展」。十人書展是由陳定山、丁念先、朱龍庵、李超哉、王壯為、陳子和、張隆延、傅狷夫、

〔註27〕丁念先：〈海上藝林述往〉（一）《新藝林》，頁 33。
〔註28〕王壯為〈王跋〉，頁 105，《重編上虞丁念先先生書畫遺墨》，1991 年，書藝出版社。
〔註29〕見前注。
〔註30〕參見《海上繪畫全集》年表，頁 1046，上海書畫出版社，2001 年 12 月。

曾紹杰、丁翼等十人所組成的書會。十人書展是由十位書家所組成的書會，是 1950 年以後的台灣最爲著名的書會之一。1958 年 7 月 1 日第一次在歷史博物館書展，馬紹文爲文以介：

> 台灣有書展，始自十人。十人者杭州陳定山、上虞丁念先、會稽朱龍庵、新淦李超哉、易水王壯爲、順德陳子和、合肥張隆延、杭縣傅狷夫、湘鄉曾紹杰、無錫丁翼諸先生也。每屆秋冬之際，聯合在博物館國家畫廊展出。〔註31〕

這十位書家皆是當代的一時之選，王壯爲說：

> 年齡最大的 64 歲，最小的 31 歲。其中或能文、能詩、能詞、能唱、能小說、能翻譯或能畫能刻、能法律、能烹調、能批評，西洋美術、音樂，能調撫明代原製古琴。各有專精，各有獨造。〔註32〕

這十位書法菁英很快的就得到了藝壇的重視，而成立這個書會的意義，王壯爲先生說的好：

> 但我們共通的興趣卻是寫字。當然，我們所取的途徑並不一樣。我們曾互相勉勵，因爲有了這個十人書展，要多多用功；希望不要退步，不要停頓；要繼續深造，要有進境。〔註33〕

確實如此，當舉行展覽的時候，王壯爲、張隆延等人，都在當時最有名的藝術刊物上發表評論文章，如《暢流》、《文星》等雜誌。

　　第二次展出，是在 1960 年 10 月 9 日於國立歷史博物館國家畫廊。定期在雙十節舉行，因爲是十個人參加展覽的緣故〔註34〕。第三次十人書展是在 1961 年 11 月 21 日於歷史博物館展出。第四次十人書展在 1962 年 9 月 28 日歷史博物館展出第五次十人書展於 1963 年 11 月 17 日歷史博物館展出。十人書展亦曾在此期間於美國紐約聖若望大學展出〔註35〕。

2、書藝活動

　　中華民國書法訪日代表團一行十人，隨員一人。他曾應日本教育書道聯

〔註31〕馬紹文〈十人書展〉頁 23，《暢流》，28 卷 7 期 22 頁，1963 年 11 月 16 日。

〔註32〕王壯爲〈十人書展與書苑一年〉，頁 11，《暢流》22 卷第 5 期，49 年 10 月 16 日。

〔註33〕王壯爲〈十人書展與書苑一年〉，頁 11，《暢流》22 卷第 5 期，49 年 10 月 16 日。

〔註34〕王壯爲〈十人書展與書苑一年〉，頁 11，《暢流》22 卷第 5 期，49 年 10 月 16 日。

〔註35〕張台生台灣地區前輩美術家作品特展（書法專輯）台灣省立美術館，1994 年。

盟的邀請，五十一年十月三十一日自台北乘飛機出發，十一月一日起作爲期十日之訪問。訪問團由立委程滄波先生任團長，王壯爲任副團長。餘依筆劃爲：丁念先、李超哉、李普同、莊尚嚴、張隆延、彭醇士、曾紹杰、劉延濤諸先生。二李兼任秘書。〔註36〕

　　曾與書畫家陳定山、王壯爲、高逸鴻、陳子和、張隆延、鄒偉成、陳克言、闕明德和丁念先幾位，組織了一個「中國藝苑」，會址設在新生南路，由陳定山公子陳克言主持會務〔註37〕。

　　在世界華學會議中先生曾應邀展出作品極獲中外學人讚賞〔註38〕。並曾擔任第二十二屆全省美展書法評審委員〔註39〕

　　3、書友往來

　　丁念先後半生來台以後的參加結社，最重要的是「十人書展」。十人書展是由陳定山、丁念先、朱龍庵、李超哉、王壯爲、陳子和、張隆延、傅狷夫、曾紹杰、丁翼等十人所組成的書會。此十人俱是台灣書壇的一時之選，均是多才多藝，如前文所述，除了展覽，還大開批評之門。由於共通的興趣是寫字，除了互相勉勵要有進境外，「我們曾互相評論，指出個人的優點缺點，當面陳詞，決不寬假。因爲這樣，大家都得到了比較公正客觀的意見。也許受批評的人，當時臉上實在有些掛不住，但冷靜下來一想，旁觀者清，客觀評論，總是寶貴的。倘若我們的字寫的有些進步的話，這些評論，是有很大幫助的。〔註40〕」這些敘述都說明了「十人書展」的成員互相激勵的情形，對丁念先而言，益友或諍友，都是很可珍貴的。

　　丁念先也爲好友爲文推介，如刊登於《暢流》之〈從二王書風談到董開章先生之書〉〔註41〕，是爲董開章先生書法展覽爲文。

〔註36〕王壯爲〈書法代表團訪日紀行〉，頁26，《暢流》第26卷第8期、第9期，1962年12月1日及12月16日。

〔註37〕于大成〈丁念先先生二三事〉，頁102-3，《重編上虞丁念先先生書畫遺墨》，1991年，書藝出版社。

〔註38〕張台生台灣地區前輩美術家作品特展（書法專輯），台灣省立美術館，1994年。

〔註39〕張台生台灣地區前輩美術家作品特展（書法專輯），台灣省立美術館，1994年。

〔註40〕王壯爲〈十人書展與書苑一年〉，頁11，《暢流》，22卷第5期，49年10月16日。

〔註41〕丁念先〈從二王書風談到董開章先生之書〉，《暢流》，28卷1期，19頁，1963年8月16日。

在 1960 年 3 月 29 日中央圖書館的「蘭亭展覽」上初識研究敦煌學的蘇瑩輝先生，並在一周展覽中每天晤面，日後便常聚首。1963～4 年間，在中國文化學院研究所藝術門兼課的時候，華岡路上，交通車中，也常和蘇瑩輝握手談心，忘卻疲勞〔註42〕。

在 1966 年 10 月張隆延先生發表為我國駐巴黎聯教組織（UNESCO）總部副代表，念先先生和王壯為先生為蘇瑩輝先生及張隆延先生餞別於念聖樓。丁念先不但節臨禮器碑贈行，復與姚夢谷先生相送機場。蘇瑩輝說：

「我來南服，雖與念先先生罕通音問，然每逢新歲，輒互寄賀卡，相慰無恙。而且我在每期美術學報中，皆能讀到他的論著。在學術上使我增益新知，在精神上使我得著慰藉。」並讚賞在美術學報創刊號中所發表的「漢史晨前碑考釋」頗多卓見。並感傷念先先生未完成的「漢碑彙考」（名稱未定）未能完成〔註43〕。

書家作品互贈，本屬雅事。除前述為張隆延先生赴任駐巴黎聯教組織（UNESCO）總部副代表節臨禮器碑贈行。在台期間，從書跡作品款識中所見，書贈對象還名書家如吳平、王壯為，陳定山、蕭石緣、朱玖瑩等，皆屬其素日往來的好友，並與高逸鴻先生同攝於展覽會場，並係王壯為先生拍攝的（圖 3-9）。

1968 年，王壯為攝，採自《重編上虞丁念先畫遺墨》

從《重編上虞丁念先生書畫遺墨》中所刊與藝林人士書札往來者，有考試委員張默君女士、前湖北省省主席賀國光、書畫家陳定山、劉太希教授、名作家蘇雪林、書家王愷和、書畫家江兆申、虞君質教授、書畫家陳子和、書家李超哉、書家程芥子、蘇瑩輝教授、古琴家容天圻等人〔註44〕，俱為當世藝文名家。其中容天圻函中推許《新藝林》為目前藝術刊物之冠，向王宗岳、鍾弘年、徐谷庵、林謀秀等人推介訂閱，並提出若干建議及指出錯字。更有深交者如虞君質曾自香港中文大學去函相慰：

兄事早有所聞，至為懸系，近聞業已回府，倘能得到法院了解，從輕處斷，凡屬友好同深企盼！兄在此極端煩惱之際，何妨向宗教中求一安慰，內子來台省親，會當登府問候起居也！匆匆即祝平安。

〔註42〕蘇瑩輝〈悼念丁念先先生〉，《藝壇》30 期，22 頁，1970 年 9 月。
〔註43〕蘇瑩輝〈悼念丁念先先生〉，《藝壇》30 期，22 頁，1970 年 9 月。
〔註44〕《重編上虞丁念先先生書畫遺墨》，頁 75-93，1991 年，書藝出版社。

　　弟君質手。八、十七〔註45〕

　　其他的摯友如葉公超、袁守謙、王壯爲、陳子和、高逸鴻諸先生並也多方佽助〔註46〕。

　　丁念先的書法作品中卻有一些比較特殊，與書友有關而值得一書的，如「石緣與焚扇記」、「廢紙四屏」。

圖 3-9　丁念先與高逸鴻合影

石緣與焚扇記（圖 3-10）

　　先生曾作「焚扇記」一文，記述與朋友蕭石緣的一段情誼，文曰：

　　　　己亥夏，石緣以扇面囑書，余爲臨孔龢碑百十字。異日，石緣
　　復來索畫，然予不作畫將三十年矣，未敢遽應，苦石緣再請，不得
　　不心許之，而遲遲終未著墨。歲月不居，屈指此扇至余齋案頭者，
　　已月圓三十度矣。今月十三之晚，石緣突過念聖樓，商「魯殘十友」、
　　「七友畫展」、「十人書展」聯合聚餐事，適有他客，匆匆別去，臨
　　行復以畫扇請，余漫應之，並戲曰：遲早終當應命。詎知明日十時，
　　石緣竟以死聞。痛哉！因念一扇之緣，不能於石緣生前踐宿諾，鑄

〔註45〕虞君質手札見《重編上虞丁念先先生書畫遺墨》，頁 82，1991 年，書藝出版
　　　　社。
〔註46〕道藝室主〈輯餘雜識〉《重編上虞丁念先先生書畫遺墨》，1991 年，書藝出版
　　　　社，106 頁。

此畢生遺憾，追悔無已，乃效季札掛劍故事，造此仙境，焚於靈前，
以報知己於泉下。

　　石緣姓蕭，名天鐘，字元美，石緣其號也，江蘇宿遷人。擅書
法，能治印，受賞於鄭曼髯，得列名「魯靡十友」。服務台省公路局
先後十六年，廉能有為，於病中猶完成公路年鑑數十萬字。性豪邁，
肝膽待人，嗜酒如命，前歲心臟病發，於勸其戒酒，勿能聽，一日
值於市，詢其健康情形，曰：死不了，其曠達如此。五十年冬至前
夕寫於念聖樓。

而扇子是否有焚於靈前呢，並沒有，扇子尚存人間。此扇作者曾於舒明量之
學古齋中親眼目睹，且把玩多時，扇一面為隸書，另一面是山水畫，書與畫
俱精。當時僅就款識略知先生與石緣頗具情誼，書成予己亥夏（1961 年），時
石緣尚在，畫則於石緣去世後於巳亥冬補成。

圖 3-10

乙瑛百衲本四屏（圖 3-11）

　　另有隸書四屏，其所書句摘自《漢碑集聯大觀》第二集〈漢乙瑛碑搨本〉
五言第七對至第十九對，其間跳過第十二對文「平可宰天下，臣欲令王前」。
此屏曾置於舒明量先生之學古齋二樓南窗邊多時，筆者曾在該處歇腳飲茶之
際得觀此屏，論筆墨應屬晚年精熟之作。此屏原為 3 尺×6 尺全紙大小，江
兆申先生所落款，曰：

　　上虞丁念先先生，漢分妙造精微，顧撝謙不甚自惜，斯概念聖
樓中廢紙，為明量兄乞得剪輯而成此屏，僧衣補綴謂之百衲，若此

　　屏者，可謂學古齋藏丁書百衲本矣，一笑，丁未，江兆申識。

　　此作因丁念先不滿意，以致淪為墊鍋底的廢紙，推測說先生為何不滿意，可議之處或許僅在於選句，惟見此屏中「舉酒問明月」與「舉酒留明月」二句略見重複而已。由此可見先生對於自己作品的要求標準是如此的高，兼以書寫費力費時，無怪乎傳世作品數量甚稀。此作係舒明量先生在先生家中搶救而倖存，這種情形不知道發生多少次，是朋友珍惜其書作的略影。

圖 3-11

第四章　丁念先對漢代碑帖的研究與收藏

王壯爲先生在悼念丁念先的文字中，曾綜論丁念先的一生成就：

> 念先雖化，固有其不朽者，在是能超乎泯滅而永存，爲同時所
> 稱，後來所仰，此即學問書畫是也。念先之學，邃於版本，精於刻
> 拓。然其藏書、藏碑，舉不能攜以渡海，隨身者爲書目耳。台灣無
> 古籍佳版，其學嗜竟無所施，惟仍注其力於墨拓書畫，不數年而所
> 蓄又稱富。於漢碑尤多佳本，臨川李氏舊藏之夏承碑則其更著者也。
> 其嗜漢碑，殆由於善爲分隸而致。〔註1〕

丁念先之不朽，是在於學問與書畫的卓越成就。其中對於漢碑版本的研究與收藏，應是與隸書藝術成就，等量齊觀的。我們研究他的藝術成就，在逐步瞭解他豐富的收藏和精闢的研究後，始知這才終是他耗盡一生心力之主要重心，他悠游於收藏家、鑑賞家及創作者之間，留下了許多雪泥鴻爪，其中縱有歡喜讚嘆的快意，然亦有不爲人知之艱辛處。此節引丁氏家屬所提供的丁念先書「鑑藏論草書」（圖4-1）一文，說道：

> 做一個收藏家不易，作一個鑑賞家更爲不易，非有百年如一日
> 之恆心與毅力，不能點點滴滴增益收藏，非有足夠財力不能廣蒐名
> 跡，充實素質，自非精鑑識力不能辨別眞贋，汰僞存眞，是以三者
> 缺一，難竟其功。今觀曹教授樹銘珍藏，質精量豐，嘆爲觀止，惟

〔註1〕　王壯爲〈王跋〉，頁105，《重編上虞丁念先先生書畫遺墨》，1991年，書藝出版社。

「牛皆戴嵩，馬必韓幹」爲鑑藏所忌，昔賢已先我言之，書此求樹
銘先生正之，中華民國第一甲辰之春，上虞丁念先。

縱然已是當代第一的收藏家，也不禁自嘆作爲收藏鑑賞家之不易，文中
說除要有恆心毅力、財力，更要具備一雙精鑑的法眼，三者缺一不可。此三
要，直至今日，誠是至理名言。

圖4-1　鑑藏論草書

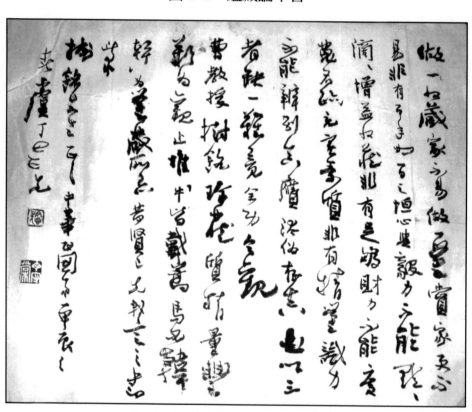

丁氏家屬提供民國五十三年（1964 年）

鈐印：念先－丁守棠

釋文：做一個收藏家不易，作一個鑑賞家更不易，非有百年如一日之恆心與毅
　　　力，不能點點滴滴增益收藏，非有足夠的財力不能廣搜名跡、充實素質，
　　　非有精鑒識力不能便別眞贋，汰僞存眞，是以三者缺一，難竟全功。今
　　　觀曹教授樹銘珍藏，實精量豐，嘆爲觀止，惟「牛皆戴嵩、馬必韓幹」
　　　爲鑒藏所忌，昔賢已先我言之，書此求樹銘先生正之。中華民國第一甲
　　　辰之春，上虞丁念先。

第一節　收藏的動機

丁念先收藏文物的動機，首先要從他十六歲到上海時說起，他經吳昌碩先生介紹，加入了〈海上題襟館金石書畫會〉，會中常有關金石、書畫、詩文的談論，開始接觸到各種文物。他記道：

> 會員常把新得的法書名畫，到會裡去懸掛，供彼此觀摩。也有拿舊拓碑拓，善本書籍，各類文物，給大家欣賞的。書畫掮客，也每晚拿大批古玩書畫去兜售。會裡備有各會員的潤筆單，代會員收件。〔註2〕

在加入〈海上題襟館金石書畫會〉的同時，他也正式投入巴縣駱文亮先生門下，之後並從金石書畫家褚德彝（禮堂）、高時顯（欣木）諸先生游，其中褚德彝先生就是精鑑文物的專家。當時書壇崇尚碑學，對三代鼎彝、秦漢刻石、權量、瓦當、錢布、璽印、磚文、六朝碑版等，均為書家所重視及學習研究。因此少時師長所提供的教育環境，種下他日後收藏書畫碑帖的動機。雖然〈海上題襟館金石書畫會〉的會務在民國十五年結束，這段在會中為時六年的經歷，非常重要，奠定了他的書畫見識，並為之後伏下了收藏、鑑賞文物的種子。他在上海時期就已經開始藏書，收藏文物。

丁念先也喜藏書，抗戰勝利後，他在上海社會局，主管出版事業。各書店知道他愛書，在圖書出版送審時，往往同時也附帶的送他一本，至於大部頭的書，因成本過高，則亦出錢購買。所以他藏有勝利後上海各書局所出版全部的書。他又每喜逛舊書店，故所蓄古本亦至多。可惜這些書都沒能攜出，來台前裝了四十箱，寄存在震旦大學圖書館中了。來台後重新購買書籍，以致念聖樓書齋中滿坑滿谷的書。

民國1949年五月丁念先攜眷來台，收藏均未及攜出。同年七月一日夫人病逝，使他哀痛逾恆，不久即病，至1950年冬始漸康復。在此一時間，尤以三十八年至四十五年之間，丁念先無書跡傳世。他一生未再續絃，為抒發心境則寄情於書畫鑑賞自遣。這種情狀，張隆延先生曾記：

> 博雅精鑑，世家富有，謝賢夫人在日，皆能拔釵助其藏書。四合高樓，牙籤玉軸都陷在匪窟。來台又喪聖鏞夫人，念聖樓日夕，但以宋、明石墨自娛。〔註3〕

〔註2〕丁念先：〈海上藝林述往〉（三）《新藝林》，頁34。
〔註3〕張隆延《十人書展》《文星雜誌》第四卷第三期，1959年7月1日，30頁。

至於他收藏文物的心情又是如何呢？從中道先生文中知道他是非常愉快的：

> 他畢生蒐集書畫、碑拓、古器物，往往傾囊收購，引為莫大愉快。即以此次捐贈四十二件瓷器而言，那是他在前年訪問菲律賓時，重金收購的宋、元、明代的民間瓷器，其中尤以龍泉、德化、建陽、廣窯出品，最為完整。當時他從肆間收買這些瓷器，乃屬廎足癖好，並無其他用心。但是他終日與這些古器、古碑拓、古書畫坐對時，不僅情意怡悅，而且有所會心，一般鑑賞者都知道他的隸書駸駸入古，甚至樸質天生，卻很少有人了解他浸淫於古物古趣之深久。〔註4〕

丁念先精於鑒藏，蒐藏歷代碑帖、書畫、瓷器之豐，近代無人能出其右，念聖樓是他畢生心血搜集的寶庫。所藏文物中，由於他寫隸書，尤其對漢代碑拓分外蒐求，以所藏之漢代〈夏承碑〉，更是海內外的宋拓孤本。曾有國外人士欲以五萬美金的高價收購，因他不願國寶外流，所以拒絕所請〔註5〕，即使在他創辦《新藝林》雜誌時，生活拮据，也都沒有賣出此碑。但在他故世後，此碑仍不免流出國外。據吳平先生言道，曾聽江兆申先生談及，丁念先原蒐藏之「夏承碑」宋拓孤本，在他故世後，曾以四十萬元之價格，商請由故宮博物院購藏，但當時故宮博物院因無此預算，只得作罷，因此不得已出讓予香港人士，令人感慨〔註6〕。並由丁璟先生證實此「夏承碑」宋拓孤本，係經陳子和介紹，出讓於丁念先之香港好友利榮森先生，而其亦早已逝世，此物現亦不知去向。

第二節　鑑藏漢碑的種類

由於丁念先對書寫漢碑隸書有特出的心得，因此在他一生中，最窮其心力收藏的，莫過於漢魏碑拓搨本。在紀錄中查得他曾收藏的漢魏名碑原拓本，已多至三十六種〔註7〕，謹錄品名如下：

1、宋拓夏承碑：真賞齋藏本（也是錢塘黃易藏本）。

〔註4〕中道〈丁念先遺作隸與草〉，台灣新生報，1970年8月18日第十版。
〔註5〕張台生台灣地區前輩美術家作品特展（書法專輯），台灣省立美術館，1994年。
〔註6〕見涂璨琳〈吳平先生訪談〉如附錄二。
〔註7〕見羅伯乾序《上虞丁念先先生書畫遺墨集》。

2、明拓禮器碑

3、明拓漢韓勑造孔廟禮器碑陰並側

4、漢禮器碑陰並側

5、明拓漢禮器碑

6、明拓漢韓勑造孔廟禮器碑陰

7、舊拓史晨前後碑

8、漢魯相史晨奏祀孔子廟碑

9、宋拓漢魯相乙瑛請置百石卒史碑

10、明拓西狹頌

11、明初拓本尹宙碑

12、漢尹宙碑

13、漢豫州從事尹宙碑

14、宋拓漢尹宙碑

15、漢故聞熹長韓仁銘

16、舊拓張遷碑

17、明拓白石神君碑

18、舊拓漢白石神君碑

19、明拓曹全碑

20、漢孔彪碑

21、漢武榮碑拓本

22、楊叔公碑

23、贋字本鄭固碑

24、體字本魏孔羨碑

25、漢豫州從事孔文禮碑

26、衛尉卿衡方碑

27、漢仙人唐公房殘碑

28、舊拓漢廬江太守范式碑

29、舊拓三公碑

30、漢司徒袁安袁敞殘碑合冊

31、漢武氏石室畫像題字

32、漢安三年莒州宋伯望刻石

33、明拓濟寧州學璞碑五種（1）漢益州太守北海相景君碑（2）漢執金
吾丞武榮碑（3）漢尉氏令鄭季宣碑陰（4）漢司隸校尉魯峻碑（5）
漢魯峻碑陰

34、明拓魏黃初受禪碑

35、舊拓漢魏碑額記目

36、魏石門頌

屬於漢碑的收藏大致如上，但略有進出，多少有些出入。

第三節　念聖樓書畫展中的收藏

丁念先收藏既富，曾將所藏一部份法書、名畫共百件，於 1961 年 4 月
15 日起在台灣省立博物館公開展出一週，名爲「念聖樓書畫展」。配合展覽，
並出版《念聖樓讀畫小紀》〔註8〕（圖 4-2），該書實爲一本具有專業研究水
準的展覽目錄；書中有展品分類統計、展品編目、展品編目說明等；展品編
目說明還經張隆延先生英譯說明，可說是中英對照。可能是限於預算的關
係，圖片僅刊出十一幅，但在當時已經是大手筆的作法了。最重要的是有長
達 39 頁詳實的「念聖樓書畫展展品說明」，對展出各件展品之作者生平、寫
作年歲、流傳之緒、各家著錄均有考據交代。治事精勤，張隆延因此讚美說：

> 念先兄那一冊《念聖樓讀畫小紀》，雖然是十幾天完成的急就
> 章，卻是三十年功力的小成。讀過《式古堂書畫彙考》與《墨緣
> 彙觀錄》的人，才知道卞安儀周的著錄都不及丁念先兄的勤精審
> 慎。〔註9〕

汪伯琴在一篇〈「念聖樓書畫展」觀後記〉中，有言及此展的內容：

> 此次念聖樓所展出之書畫，雖僅百件，而自唐宋元明清以迄民
> 國，歷代均有，且無不精好，求之當代，私人收藏，顧無出其右，
> 及較之故宮所藏，亦無遜色。世有子都，不患無目，覽者當不河漢
> 斯言。〔註10〕

〔註 8〕丁念先《念聖樓讀畫小紀》文星雜誌社出版，1961 年 4 月。

〔註 9〕張十之（隆延）〈念聖樓讀畫小錄〉《文星雜誌》，七卷 6 期，1961 年 1 月 4 日，
18 頁。

〔註 10〕汪伯琴〈念聖樓書畫展觀後記〉，頁 15，《暢流》，1961 年 5 月 16 日。

圖 4-2　《念聖樓　讀畫小紀》封面

　　較之故宮，亦無遜色，當可想見此展內容之精美，從此次展出的目次觀之，其中含括唐、宋、元、明、清各代的書畫文物，其中擇出精品的如（1）「唐趙模撫集右軍千字文眞跡卷」、（3）「唐人寫經瑜珈師地論釋一卷」、（6）「宋蘇軾萬竿煙雨軸」、（7）「宋米芾雲山煙樹軸」、（16）「元趙孟頫洗馬圖卷」、（19）「元倪高士瓚詩草眞跡」46 頁計詩 136 首又未完殘缺者二首、（22）「元人白描九歌圖」、（24）「明陳錄雪月梅花軸」、（25）「明沈周層巒疊嶂圖軸」、（33）「明文徵明蹴踘圖」軸、（33）「明詹景鳳草書屏」幅、（41）「明丁雲鵬羅漢」卷、（45）「明董其昌臨蘭亭」卷、（59）「明史可法草書杜詩」卷、（67）「清黃向堅萬里尋親圖長卷」、（85）「閔貞畫冊」、（87）「清黃易臨漢太尉楊震碑」、（90）「清何紹基小楷二種」合冊、（92）「清彭玉麟六合同春通景梅花屏」紙本、（93）「吳昌碩臨天一閣本石鼓全文」冊等 21 件〔註11〕。筆者晚生，未能恭逢其盛，目睹展出之名跡，上述均爲各朝名家存世作品，顧當代收藏家確是無人能出其右。此次展出是當時藝壇的一件大事，張隆延先生爲文以介，說到此次展出古畫，當推「米芾雲山煙樹」小軸爲第一〔註12〕。

　　比較一般展覽不同的是，身爲收藏家的丁念先並且指出部分書畫展品的僞款、僞章，關於指正辨僞這點，他在《念聖樓讀畫小紀》的〈弁言〉中第四點指出：

> 　　宋元以前名畫，頗不署名款，骨董商爲求易於脫手，或企圖高利，不惜妄加僞款及官私贋章，以增重其身價，於是作僞之花樣百出，愛好者往往受其欺矇，獲致眼花撩亂，無所適從。此次展出各件中，亦有流傳有緒，極具價值之名跡，而有僞款贋章者，均一一拈出，以告讀者。〔註13〕

　　丁念先對於展出的文物如（1）「唐趙模撫集右軍千字文眞跡卷」等 21件，提出了他認定爲書畫眞跡的鑑賞評論，同時也提出了對於「宋李唐西北記遊圖長卷」等 7 件書畫的疑見，這種公開討論及辨僞做法別開生面，勇於面對鑑定的問題的求眞態度，得到了輿論及藝壇人士的稱許。一般收藏家頗忌諱有人指出點破藏品的疑點及僞品之議，丁念先打破收藏家過去簡陋舊

〔註11〕 汪伯琴〈念聖樓書畫展觀後記〉，頁 14-15，《暢流》，1961 年 5 月 16 日

〔註12〕 張十之（隆延）〈念聖樓讀畫小錄〉《文星雜誌》，七卷 6 期，1961 年 1 月 4日，18 頁。

〔註13〕 丁念先《念盛樓讀畫十紀》，文墨雜誌社出版，1961 年 4 月。

例，一反收藏家向來維護自己藏品的態度，對若干可疑之點，以其淵博之學識及經驗，一一指出疑見，胸襟足見恢弘寬闊。

這種做法，得到許多人的呼應和推許，如汪伯琴先生推崇他收藏上的研究精神：

> 向來收藏家大都有一種「己是人非」之偏見，……倘能一本客觀之態度，慎加鑑別，將其是非優劣，如實指出，則不但可恢復該項作品本來應得知身價，並可促進藝術教育之發展，提高一般人藝術欣賞之程度。此次念聖樓展出書畫中，念先先生對于此點，曾打破收藏家過去舊例，對若干可疑之點，輒本其淵博之學識，豐富之經驗，犀利之目力，一一予以指出，使觀者可以獲得一項正確之印象。〔註14〕

至於念聖樓所藏的書畫，當然不止於這次展覽的數目，張隆延先生就曾說：

> 我自從在念聖樓作客以來，七年間所見石墨名拓法書名畫，兩倍於公展的件數。

因此可以知道，他僅是精選半數藏品舉辦展覽公諸於世，可見其收藏之富與精。

當時的藝壇，頗有收藏的風氣，許多書畫家自身即富收藏，僅如王壯爲在《暢流》雜誌發表〈孟津書法略述〉一文中，提到所曾見到的私人收藏王覺斯書跡中，除王壯爲自藏「摘書聖教序句軸」，收藏最多的，則爲丁念先所藏三件「爲戴明悅書草書長軸」、「送張藻一詩軸」、「爲彭年翁書行草軸」。還有沈尙賢藏「爲發之書緞本長軸」，葉公超先生藏「米體詩卷」，陳定山藏「爲一章翁書大草詩卷」等。其中丁念先所藏即有三件之多〔註15〕。王壯爲另在〈張二水與其書法〉一文中，論及一件「張二水書詩軸」直幅，說其筆勢「長行一筆，轉折如飛」，即是念聖樓所藏的珍品〔註16〕。

所收藏的書畫眞跡，也提供借予博物館等參展，如 1960 年國立中央圖書館選在農曆三月三日，也就是上巳日，古時的習慣，這天是遊春之日，也稱作修褉日。在此日舉辦「蘭亭展覽」，丁念先提供了收藏的「宋拓定武蘭

〔註14〕見十之（張隆延）〈念聖樓所藏書畫識小錄〉《文星雜誌》，七卷 6 期，1961年 1 月 4 日，18 頁。

〔註15〕王壯爲〈孟津書法略述〉頁 13，《暢流》21 卷 5 期 49 年 4 月 16 日。

〔註16〕王壯爲〈張二水與其書法〉《暢流》22 卷第七期頁 15，1960 年 11 月 16 日。

亭」，墨如烏玉，說是與游相玉泉本相同；以及「趙孟頫臨蘭亭墨跡」三本，
和『沈石田畫蘭亭圖』。其他參與提供者，還有王壯爲提供十二項文物碑帖，
及林柏壽、羅志希、陳定山、蔣穀孫等人都提供個人收藏〔註17〕。他以撫玩
碑帖爲樂，正如在一件隸書上的署款：

　　「己亥（1959）初夏睹日滿窗試新茶，閱唐人趙模千文卷畢，乘興書此。」
另一件「美景良辰」隸書集聯的題識中書及「己亥中秋，與兒孫輩賭酒微醉，
正擬攜杖至河畔看月，適有客持傅青主山水軸求鑑定，因留再飯，不覺大醉
〔註18〕」的句子，有客人持傅山的山水畫拿來給他鑑定，誠因他有精鑑之
名在外，知道他有時也爲朋友鑑定文物。

第四節　關於書跡與碑帖的研究

　　丁念先的研究中，以碑帖書跡的研究最爲人所稱道。在所著〈兩漢石刻
文字與石刻畫〉一文，是一篇對兩漢石刻文字研究的重要論文，本節的研究
多在此文中取材，因此筆者將之附錄在後，以供檢索。

一、關於碑學的研究

　　丁念先認爲，說到石刻文字，我國現存最早的，莫過於石鼓文，石鼓自
唐人在陳倉之野發見後，到如今對他的時代鑑定，還在爭辯中，多數學者認
爲是周宣王時代的遺物，宋人任汝弼、鄭樵開始以爲是秦刻，馬定國則主張
是宇文周時代的東西。其次是秦始皇東巡後所刻的繹山、泰山、琅邪、之罘、
碣石、會稽等六種刻石。這六刻除繹山以外，都見於《史記始皇本紀》，信
而有徵。但目前留存人間的，除了琅邪和泰山殘字外，之罘、碣石，早已不
存。繹山、會稽，則都是後人重摹翻刻的。因此，我們談到石刻，終以兩漢
爲研究中心；因爲漢代去古猶近，遺世的石刻數量也還不少，我們可以從這
些石刻中，發見許多正史和古籍所不載或不注意的事情。丁念先舉例子說：
從「趙王群臣上醻」、「魯靈光殿址」，「魯孝王五鳳二年」等三石刻，可知諸
侯王在所封國內，還可以各自紀年。從各碑碑陰所記捐錢的數額，可以推知
當時的工價和物價的大概情形。從「乙瑛」、「史晨」諸碑，可以知道當時的

〔註17〕王壯爲〈蘭亭展覽〉頁20～21，《暢流》21期，第4卷第4期。
〔註18〕摘自遺作集，11頁。

－48－

公文體制。從「華山」、「三公」、「封龍」、「無極」、「白石」諸碑，可以窺見當時民間崇拜神道之心理。從「墓石」、「買山記」、「買田記」諸刻，可以瞭解當時社會的迷信和習慣。

　　至於兩漢的書法，是我們中國書法史上最重要的時代。當時通行的書體，除了襲用秦時的篆隸之外，用之於石刻者，還別創草書和八分。書法之美，空前絕後，如果沒有壽石傳世，則當時縱有紙的發明，也不能流傳到今天，供我們的研究和欣賞。石刻內容分為碑碣、墓誌、石闕、摩崖、石經、雜類等六大部門。碑碣部分，立碑起源甚早，依據漢人對儀禮、禮記和釋名的註解，古代立碑的作用有三。「宮有碑所以識日景，引陰陽也」、「廟有碑繫牲牷也」、「墓有碑穿厥中而已為□也」。這種所謂碑，皆不刻文字。葉鞠裳說：「凡刻石之文謂之碑，當自漢以後始」〔註19〕。

　　丁念先將現存的漢石刻，可以稱為碑的，歸納分為廟碑、墓碑、邊庭記功碑三類，孔廟的禮器、乙瑛、史晨前後碑都是崇聖的神廟碑，總稱之為廟碑。景君、鄭固、孔宙、孔彪、武榮、魯峻、衡方、夏承、婁壽、曹全、張遷、劉熊、韓仁、尹宙、袁安、袁敞、郭有道等，皆家廟之碑，或立於祠堂，或植在墓前，總稱之為墓碑。原在新疆的煌敦太守裴岑紀功碑、沙南侯獲碑、劉平國紀功摩崖等，都是立功邊庭的紀功碑。而且碑與碣有別，說文石部說：「碑豎立也，碣特立之石也。」

　　他也對石刻的數量與分布情形作了一個歸納，根據八十多家的金石著錄，作一初步統計，除去重複及偽刻，共有四百多種，其中宋人著錄中的石刻很多已經不存。他當時統計遺存，連同自己所藏和所知的現存漢石刻，祇有145種石刻，以全國各地的分布情形統計，表示出漢代政治文化經濟的重心，是在黃河流域；長江以南立碑刻石的風氣，還不普遍。他統計145種石刻中，山東一地即佔百分之三十七以上，河南佔百分之十三以上，四川佔百分之十以上。陝西近百分之十。山東與河南幾乎各種石刻都有。陝西因交通困難，以開通道路，架築橋樑的摩崖為多。四川十五種石刻，墓闕即佔九種。新疆三石，都是邊庭記功之碑〔註20〕。

〔註19〕丁念先〈兩漢石刻文字與石刻畫〉（上）《大陸雜誌》，第三十卷第五期，143頁。

〔註20〕丁念先〈兩漢石刻文字與石刻畫〉（上）《大陸雜誌》，第三十卷第五期，144頁。

丁念先對於碑有拓本是始於何時，也有研究，他假定始於中唐以後。從唐玄宗後詩人韋應物所作〈石鼓歌〉中有「石如鼓形數止十，風雨缺訛苔蘚澀，今人濡紙脫其文，……」所謂濡紙脫其文，則說的是紙拓。生於唐代宗大曆年至穆宗長慶的韓愈，也作〈石鼓歌〉中亦有「張生手持石鼓文，勸我試作石鼓歌，……君從何處得紙本，毫髮盡備無差訛」。他從此兩詩所說，可知韋、韓二人當時所據以歌詠的均是由石上墨拓下的拓片，這是文字上的證明。爲法人伯希和、英人斯坦因從敦煌石室取走的大批經卷中亦有拓片三種，一爲化度寺邕禪師塔銘，係剪裱本，共十二頁前二頁伯希和取走，後十頁斯坦因取走，故現在分存巴黎國立圖書館、倫敦英國博物館兩處。二爲唐太宗書溫泉銘，亦是剪裝卷子本，惜前半亦經殘缺，惟紙尾有墨書「永徽四年八月三十日圍谷府果毅兒」（下缺）等字，是爲唐代所拓之明證。三爲柳公權書〈金剛經〉，亦爲伯希和所竊，原拓爲卷子本，按此三本，均屬唐代之物，信而有徵，可稱存世最古拓本，惜均流落國外。莊嚴先生也說，宋時拓本今已稀如星鳳，宋以前之拓本則更如鳳毛麟角矣〔註21〕。

二、碑拓的精鑑與夏承碑的收藏

丁念先對於碑拓的研究，最爲擅長的就是校碑。莊嚴先生說，校碑也即是對於碑拓的年代判定。古碑經年推打，字跡漸形漫漶，甚至全毀，此宋銘舊拓之所以尊貴。然而舊拓亦非拓於一石，何者爲宋代拓，何者爲明代拓，何者爲近拓，除紙墨拓法以外，端賴字之多少，以定拓本之先後。歷朝金石學家有專門研討此事者，如翁方綱、黃小松諸輩，皆擅長此道，往往爲拓本所存一兩字之有無，而判定拓本新舊與其價值之高低。雖屬專家之事，然尋求眞本捨此莫由，晚近定海方茗藥雨先生，著有校碑隨筆，及羅振玉所著諸書，均可參考研究拓本者，不可不知也〔註22〕。丁念先對於碑版的年代判定，是受到當時各家的肯定的，而他自己也非常自豪〔註23〕。

莊嚴先生曾說：若是碑刻的原名亡佚，而僅存其拓本者，此種拓本謂之孤本，自較一般舊拓更有價值，此不待言。而傳世石刻孤本拓片，舉其顯赫

〔註21〕 參莊嚴，〈論碑與帖（下）〉《藝粹雜誌》，第一卷第三期，1967 年 8 月 30 日，頁 8～9。

〔註22〕 參莊嚴，〈論碑與帖（下）〉《藝粹雜誌》，第一卷第三期，1967 年 8 月 30 日，頁 12。

〔註23〕 見附錄《吳平先生訪談紀錄》。

者，如漢夏承碑原刻佚毀於宋代。宋拓眞本一冊，在民國初年爲莊思緘先生
所有，四十年前莊嚴先生曾經見之於北平大院胡同的老家中。莊思緘先生故
後，拓本歸之王伯羣氏，王氏故後，丁念先先生購藏在念聖樓，這本夏承碑
拓本（圖 4-3），在當時的台灣，堪稱國人所存之唯一拓片孤本〔註 24〕。因此
這是在台灣收藏家的一個值得驕傲的收藏紀錄。

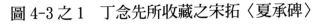

圖 4-3 之 1　丁念先所收藏之宋拓〈夏承碑〉

見翁覃溪題籤

〔註 24〕參莊嚴，〈論碑與帖（下）〉《藝粹雜誌》第一卷第三期，1967 年 8 月 30 日，
　　　　頁 9。

圖 4-3 之 2　宋拓〈夏承碑〉

　　至於丁念先得到夏承碑的時間，研判大約在民國四十七年第一次〈十人書展〉之前，按丁念先首次臨夏承碑的書跡，以民國四十六年（1957），所臨寫夏承碑 24 個字為最早，也最忠於原碑〔註25〕，書作參加次年〈十人書展〉。曠世孤本入手，丁念先歡喜自不待言，他對夏承碑的研究較莊嚴先生更為詳盡，說在宋代元祐年間，因治河堤得于土壤中，明永樂九年重修，歲久蹄仆。成化乙亥年，廣平守秦民悅建愛古軒覆之，碑之下截損一百一十字，

爲後人所模刻。嘉靖癸卯年築城之後，爲工匠所燬，夏承碑原石至此不存。
越二年，唐曜據成化剜補本，重刻一石，文字錯訛，已非舊觀。傳世原石拓
本，共有二本，一本爲眞賞齋本，及孫仲牆本。眞賞齋本，爲明嘉靖間與婁
壽碑同藏無錫華東沙眞賞齋，豐道生眞賞齋賦中，所謂：「夏承、婁壽漢碑，
樂毅東方晉刻，牙籤錦笈以爲藏，天球河圖而比重」者是也，道生並爲跋後。

　　丁念先也對於夏承碑眞賞齋拓本的流傳，做了相當詳盡的交代。說康熙五
十四年時，楊繩祖借臨一通，跋而歸之，但未說明借自何人。康熙五十七年，
與婁壽再聚於何義門家（見義門婁壽碑跋）。乾隆間歸吳縣陸謹庭松下清齋。
潘榕皋爲補寫碑額，翁覃谿爲補摹缺字三十並作長跋，以紀其事。道光初爲臨
川李春湖所得，列爲臨川十寶之一。民初入常州莊思緘無礙居，再歸貴州王伯
群雙魚山館，伯群身後，其家屬質於湖南人劉姓，轉入念聖樓〔註26〕。

既有孤本，不吝公開

　　丁念先於民國五十七年（1968）將〈夏承碑〉拓本於《藝壇》連載八期，
完全公之同好，此孤本前有錢塘黃易題籤，潘奕雋題「宋拓夏承碑」，名家翁
覃溪題籤，並補寫其中缺佚三十家於碑拓本之後，卷末更有明代丰道生，楊
繩祖長跋，在諸漢碑中〈夏承碑〉獨具風采，字體方正，筆筆勻稱，雍容大
度，運筆極富變化，藏露方圓，抑相頓挫，舒展自如，集篆籀隸楷各法於一
體，世人不僅對它的書法評價很高，而且認爲直接影響後代書風。對於〈夏
承碑〉的書法價值，他說此碑相傳是蔡邕書，體兼篆隸，爲漢隸之奇品，蓋
用寫篆書之筆作隸書，與吳皇象天發神讖以隸筆作篆書者，無獨有偶。洪景
伯隸釋，稱爲「字體頗奇怪，唐人所祖述。」王秋澗則謂：「如夏金周鼎，形
模怪譎，雖蛇神牛鬼，龐雜百出，而衣冠禮樂，已胚胎乎其中。所謂氣陵百
代，筆陣堂堂者乎。」王弇州稱：「其隸法時時有篆籀筆，與鍾梁諸公小異，
而骨氣洞達，精采飛動，疑非鍾郎不能。」

　　丁念先對漢碑其他的幾種孤本，原石早佚，拓本僅存的，也進行研究。
如西嶽華山廟碑，此碑原石於明嘉靖間，燬於地震，存世原石拓本，流傳有
緒者，僅有四本：長桓本、華陰本、四明本及揚州本，以長桓本爲宋拓，字
數最多。對四本流傳經過他皆詳加考證〔註27〕。

〔註26〕丁念先〈兩漢石刻文字與石刻畫〉（下），《大陸雜誌》，第三十卷第六期，195-196
　　　　頁。
〔註27〕丁念先〈兩漢石刻文字與石刻畫〉（下），《大陸雜誌》，第三十卷第六期。

三、對於漢碑的評價

1、禮器碑

丁念先對於漢碑的評價，他舉郭宗昌評此碑的看法：「生平所見漢隸，當以禮器碑爲第一，神奇渾璞，譬如詩則西京。此則豐贍高華，建安諸子。比之書，禮器則季直表，此則蘭亭序。碑陰書法簡直，草草不經意，又別爲一體。善之漢人結體命意，錯綜變化，不衫不履，非後人所及。」孫退谷則稱：「字法遒秀，逸致翩翩，與禮器前後輝映，漢石中之至寶也。」方小東則謂：「波磔不異乙瑛，而沉酣跌宕，直合韓勅正文與陰側爲一手。」余謂此碑秀逸遒麗，婀娜多姿，猶楷書之有虞、褚。惟格局不夠博大，不能與禮器並論，而結體之美，實八分之正宗。近人胡展堂先生頗得其法。〔註28〕」碑中，他是認爲禮器碑是第一的，對於書寫隸書的進程，他認爲一定要從禮器碑開始打基礎：

> 我自己學隸書是從禮器碑打基礎。我也常勸朋友們，要學隸書，應從禮器碑開始。禮器碑的字，用筆最挺勁，結體最嚴密，變化最多，碑陰及兩側尤入化境，而補題名各行更饒奇趣。清代明書家王虛舟、翁覃谿等一致認爲禮器碑的字，性情形質，都到了絕頂。方小東說：「此碑之妙，不在整齊而在變化，不在氣勢充足，而在筆力健舉，漢隸佳者雖多，由此入手，流麗者可摩、方正者亦可摩，高古者可摩，縱橫跌宕者，亦無不可摩也。蓋隸法之正變，於此碑之正文與陰及兩側已盡。」近人楊惺吾也認爲「漢隸如開通褒斜道、楊君石門頌之類，以性情勝者也，景君、魯峻、封龍山之類，以形質勝者也，兼之者惟推此碑。要而論之，寓奇險於平正，寓疏秀於嚴密，所以難也。」方楊兩家，都是經驗之談。孔林諸碑，著名的幾種，選石都極精，此碑至今損字不多。傳世舊拓，據余所知，以上海有正書局影印本爲最佳，應是宋拓。我所藏的明初拓，堪居第二，文明書局、藝苑眞賞社、日本清雅堂、二玄社影本，都是明拓，惟商務印書館影印本，所據是翻刻，有錯字，不可學。〔註29〕

2、乙瑛碑

丁念先也評論乙瑛碑：

〔註28〕丁念先〈兩漢石刻文字與石刻畫〉（下）《大陸雜誌》第三十卷第六期。
〔註29〕丁念先〈兩漢石刻文字與石刻畫〉（下）《大陸雜誌》第三十卷第六期。

此碑書法方正沉厚流逸遒勁足稱宗廟之美。翁覃谿稱爲「骨肉勻適，情文流暢，漢隸之最可師法者。」我以爲學禮器之後，轉師乙瑛，有水到渠成之樂。但學得不好，極容易走入唐人甜俗一路，所以必須先從禮器奠基礎。碑末有「後漢鍾太尉書宋嘉祐七年張稚圭按圖題記」二行，按鍾繇卒於爲太和四年，去永興七十八年，其誤不足辨。此碑余曾藏舊拓四本，其間號爲宋拓者，實皆明初拓本。辟雍「辟」字，明初拓本，右旁辛下三字完好。上海文明、藝苑、有正、日本清雅堂、二玄社各影本，皆明拓本。〔註30〕

他把碑末鍾繇的款書，以年代考得爲僞款。並校碑釐清宋拓與明拓本的差別。

3、史晨前後碑

他曾著〈漢史晨前碑考釋〉一文約五千言，在結語說：

此碑與禮器、乙瑛並稱孔廟三碑，書法規矩謹嚴，不作險怪之筆，自爲漢分正宗，亦爲習隸必經之階。〔註31〕

他說：「即史晨奏銘及史晨饗孔廟碑。與禮器、乙瑛，合稱孔廟三碑。此三碑爲習漢隸必經之階，此碑每行本爲三十六字，故宋、元、明初拓本，均得全拓，以後碑漸陷入趺內，故明末清初拓本，每行僅拓得三十五字，每行末一字，均未得拓得。乾隆四十二年升碑後，全文始得復顯，但每行末一字已僅得半字，書法規矩謹嚴，八分之正宗也。方小東稱其「肅括宏深，沉古遒厚，結構與意度皆備，洵爲廟堂之品。」余未見明初以前拓全文本，所藏肅肅本，已在升碑以後。」〔註32〕

4、石門頌

他評石門頌：王蘭泉稱「是碑勁挺有姿致，推爲東漢人傑作」，方小東稱其「縱橫勁跋」其命字之垂直，突過二字，爲後世王大令，以至懷素游絲描邈一筆書所本。楊惺吾以爲「行筆如野鶴閑鷗，飄飄欲仙，六朝疏秀一派，皆從此出。」吾鄉羅叔蘊先生名之爲草隸。蓋馳騁排岩，用筆與孔廟三碑不同。爲禮器碑陰及兩側字差近。謹嚴一路既有基礎，即可學此放縱。此是摩崖，地處幽陰，施拓不易，故字多完好。」〔註33〕

〔註30〕丁念先〈兩漢石刻文字與石刻畫〉（下）《大陸雜誌》第三十卷第六期。
〔註31〕《美術學報》創刊號，1966年。
〔註32〕丁念先〈兩漢石刻文字與石刻畫〉（下）《大陸雜誌》第三十卷第六期。
〔註33〕丁念先〈兩漢石刻文字與石刻畫〉（下）《大陸雜誌》第三十卷第六期。

石門頌的「命」字之垂直，突過二字，影響後世「一筆書」，丁念先的草書及款題上，也常用這種垂直接長的寫法，詳見第五章。

5、張遷碑

他也不寫張遷碑，說：都玄敬稱此碑書法：「典雅饒古意」，孫退谷以爲「方整爾雅」。楊大瓢則謂「古折樸勁，非後人所能及。」方小東則稱：「雄厚樸茂，既不寒儉，亦不癡肥，明堂清廟之間，仍有夏鼎商彝之氣。」楊惺吾以爲「用筆已開魏晉風氣，源於西狹頌，流爲黃初三碑之折刀頭，再變爲北魏眞書之始平公等碑。」此碑用筆方硬，在漢碑中別具面目。何道州易以圓筆，可謂善變。吾師巴縣駱先生亮公，於此碑致力最深，可謂形神俱得〔註34〕。但丁念先一生，不寫此碑，而且他也反對吳平先生寫此碑，但在研究文字中未見其反對理由的說明。

四、生平論述

丁念先的前半生著作，據《海上繪畫全集》年表中所記，1949 年前，先生在上海時已經完成《上虞經籍志》（初稿）、《上虞先哲遺書待訪目》（初稿），並著《歷代藝人生卒年表》，但未脫稿〔註35〕。來台以後，先生於書畫與教學之餘，1963 年以後，受聘中國文化學院藝術研究所美術組講授藝術史、書畫鑑賞、書道研究等課，仍不斷著述，其重要著作計有：

1、〈明代美術〉原載民國四十四年十一月中華文化出版事業委員會出版之〈中國美術史論集〉第二冊。

2、〈清代美術〉，同上。〈六十年來的甲骨文、金文與碑學〉：原載《二十世紀之藝術書法》中。

3、《念聖樓讀畫小紀》文星雜誌社出版 1961 年 4 月。

4、〈兩漢石刻文字與石刻畫〉：原載民國 1965 年二月廿八日《大陸雜誌》第三十卷第五、第六期。

5、〈六十年來之書法〉：原載民國 1966 年正中書局出版之《二十世紀之科學──藝術篇》，與莊嚴先生共同執筆。

6、〈唐趙模橅集右軍千字文眞蹟燹餘卷（上）（下）〉《藝壇》第五期、

〔註34〕 丁念先〈兩漢石刻文字與石刻畫〉（下）《大陸雜誌》第三十卷第六期。
〔註35〕 參《海上繪畫全集》頁 930，上海書畫出版社，2001 年 12 月及〈近代名家書法展專輯〉，4 頁。

　　第六期 1968 年 7 月、8 月。

7、〈漢史晨前碑考釋〉：原載民國 1966 十月出版之《美術學報》創刊號

8、〈沈石田作畫年表初稿〉：原載民國 1967 年十月出版之《美術學報》
　　第二期。

9、〈漢北海相景君銘考釋〉原載民國 1968 年十一月國立中央圖書館出
　　版之《慶祝蔣慰堂先生七十榮慶論文集》。

10、〈漢魯相乙瑛請置孔廟百石卒史碑考釋〉：原載民國 1969 年三月一日
　　出版之《華岡學報》第五期。

11、〈海上藝林述往〉：民國 1969 年三月在《新藝林》創刊號開始刊載，
　　共三期。

12、〈蘭亭史話〉發表于《新藝林》第一卷第二期 1969 年 3 月 1 日。

13、〈沈石田作畫年表初稿〉發表於《美術學報》二期 203 頁 1967 年 10
　　月

14、〈蘇東坡萬竿煙雨圖軸〉發表於《藝壇雜誌》1968 年 4 月。

　　丁念先除了收藏文物碑帖書畫，也對所收藏的文物進行研究，如他收藏
關於「蘭亭」的碑帖書畫，他就研究撰寫〈蘭亭史話〉一文，1969 年在《新
藝林》雜誌上發表，是年先生在秋天逝世〔註36〕。

　　此外，丁念先也常擔任講座，主講文物研究，早在 1935 年，先生 30 歲
時就參加中國畫學會舉辦美術講座，聘黃賓虹、賀天健、丁念先、鄭午昌、
施南池、謝海燕、陳定山、俞劍華等主講〔註37〕。1964 年 9 月，台北中央圖
書館為了配合「中華歷代圖書展覽」而舉辦的專題學術演講會，於十四日開
始，先生主講專題為「兩漢石刻文字與石刻畫」，講稿由蘇瑩輝函介在《大陸
雜誌》第三十卷第五期發表，頗獲學界讚賞〔註 38〕。由於先生專研碑學、目
錄、版本，當時無人能及，因此他在中國文化學院藝術研究所主講「書畫鑑
賞」和「書道研究」等課程；傳授文物研究的心得。

　　丁念先在《新藝林》雜誌上發表的〈海上藝林述往 3〉一文，於 1969
年 7 月 1 日發表，是年丁念先在秋天逝世，可能是生前最後發表的一篇論著
〔註39〕。據于大成先生所言，丁念先八月中突感不適，猶欲待新藝林五期發

〔註36〕丁念先〈蘭亭史話〉，頁 33～39，新藝林，1969 年。
〔註37〕參見《海上繪畫全集》年表，頁 1048，上海書畫出版社，2001 年 12 月。
〔註38〕蘇瑩輝〈悼念丁念先先生〉，《藝壇》30 期，22 頁，1970 年 9 月。
〔註39〕丁念先〈海上藝林述往 3〉，頁 37-39，《新藝林》，第一卷第四期，1969 年 7

稿後，再延醫診治，孰知竟因而延誤就醫時間。入榮民總醫院已呈不支，兩天而溘然長逝〔註40〕。9月1日將出刊的《新藝林》雙月刊，在丁念先去世後就此停頓，僅一年的時間，出版四期而已。以通常雜誌付印的時程來推算，時值8月中，應該已經稿齊，而正在進行印刷前最後的校對稿件工作，筆者推想，丁念先應會有一篇文章在《新藝林》五期發表，而這篇文章極有可能是正在連載的〈海上藝林述往4〉。

除上述著作之外，尚有未完成的二件研究，一件是「明代刻書年表」，和「漢碑集證」，據稱「漢碑集證」是把現存所有的漢碑，皆加以整理考釋，已寫成數十萬字稿，未來全書完稿時，可能在二百萬字以上；這兩份草稿于大成先生都曾見過〔註41〕，可惜已來不及完成出版。業已發表的〈漢史晨前碑考釋〉、〈漢北海相景君銘考釋〉、〈漢魯相乙瑛請置孔廟百石卒史碑考釋〉等文，便都是其中的一部份。

在2004年1月13日，筆者與林錦濤教授往拜訪鍾克豪先生，承鍾先生慨借丁念先先生漢碑研究資料油印本一冊，碑名十五種，包括「堂谿典請雨銘」、「華山廟碑」、「孔宙碑」、「魯峻碑」、「三老諱字忌日碑」、「漢延光殘碑」、「張壽碑」、「魯孝王刻石」、「五瑞圖題字」、「三公山碑」、「郙閣頌」、「開母石闕銘」、「西狹頌」、「韓仁銘」、「桐柏廟碑」等。資料末尾，見打字印刷〈焚扇記〉，及「五十年冬至前夕寫於念聖樓」。這份丁念先未完成的草稿，其中對漢碑進行了整理和考證的工作，可能就是未完成的《漢碑集證》的一部份。

資料是使用油印鋼板，使用當時先生服務單位物資局油印廢紙的背面空白頁，觀其背面，尚有物資局四十一年、四十六年局內文書表格字樣。從上述顯示的時間來看，先生所寫的研究資料時間大抵如此。

鍾克豪先生原收藏丁念先先生手稿、手跡甚多，是書藝出版社負責人兼主編，曾於1991年重新出版《重編上虞丁念先先生書畫遺墨》。承他相告除讓出部份丁念先遺澤文物外，但也將先生早年於上海未脫稿之《上虞先哲遺書待訪目》一文寄回大陸上虞，全了丁念先先生前願望，真是功德一件。

月1日。
〔註40〕于大成〈丁念先先生二三事〉，頁102-3，《重編上虞丁念先先生書畫遺墨》，1991年書藝出版社。
〔註41〕于大成〈丁念先先生二三事〉，頁102-3，《重編上虞丁念先先生書畫遺墨》，1991年，書藝出版社。

五、收藏碑帖與其創作之關聯

　　丁念先既對於隸書的書寫有其自我心得，在他研究各碑以後，他說：以上所舉幾種漢碑，是學分隸者必要的過程。如果寫過孔廟三碑，則熹平石經、華山、武榮、張壽、韓仁、封龍山、鄭固、子游殘碑、朝侯小子碑等，用筆都相近，無須再下苦功，便可隨意臨習，如果寫過石門頌，則臨草隸如楊淮表記、沈府君神道等，就不費事。如寫會了夏承，不但可通魯峻、衡方豐腴雄偉之筆，擴大為榜書，且可把飛動之筆，融貫於嚴整之禮器、史晨一派，增加其厚重與流利。曹全與孔宙、孔彪，本是一家眷屬，張遷與西狹、郙閣，乃是同氣弟兄，傳世漢隸面目雖多，無須每種都學，只要多看熟記，便可觸類旁通〔註42〕。

　　正如王壯為跋《上虞丁念先先生書畫遺墨》中所說：「其嗜漢碑殆由於擅為分隸而致。」又曰：「念先之隸，則茂密古秀自成一格，大異於清代民初諸家之所為，論隸不重完白亦不宗覃溪，嘎嘎獨造，謂其度越前修非虛譽也。〔註43〕」

　　丁念先在《二十世紀人文科學——藝術篇》第二章〈六十年來的甲骨文金文與碑學〉第三節——〈六十年來「碑學」書家的簡評〉中說：

　　　　書家加上「碑學」二字，未免標新，或被認為「杜撰」。但本文限於題目的範圍，自然不能把寫帖的書家，也寫在裡面，這是不得已的事。〔註44〕

　　因此以擅長寫篆隸及六朝楷書的為主要範圍，時間則以清光緒二十六年（1900）以後還在世的，至目前已經去世的為限，共選出 86 人。誠可以作為研究書學者的研究資料。

第五節　主編《藝壇》與《新藝林》雜誌

　　丁念先曾主編《藝壇》與《新藝林》雜誌，在新藝林的〈發刊辭〉中提到關於《藝壇雜誌》的起始因由，是在「民國五十六年冬，旅台書畫界的幾

〔註42〕丁念先〈兩漢石刻文字與石刻畫〉（下）《大陸雜誌》，第三十卷第六期。
〔註43〕王壯為〈十人書展與書苑一年〉，頁 11，《暢流》，22 卷第 5 期，1960 年 10 月 16 日。
〔註44〕丁念先《二十世紀人文科學——藝術篇》第二章〈六十年來的甲骨文金文與碑學〉第三節——六十年來「碑學」書家的簡評，頁 208。

位好友，發起一個純藝術性的刊物，邀我參加。我在早幾年前就有這個願望，曾和同社王壯爲先生談過多次，但因生性疏懶，迄未付之實行。這次由姚夢谷先生向我提出，正合我意，所以欣然允諾。並承諸公推我擔任主編。經過一個籌備的階段，就在五十七年的三月正式出版，這就是本刊的老大哥《藝壇》雜誌月刊。參加的朋友有馬紹文、高拜石、王愷和、謝宗安、呂佛庭、姚夢谷、陳其銓諸位先生，連我共爲八人。」

　　丁念先是一個具有理想的知識份子，他承認「辦一個純學術性的刊物，很不容易。因爲專門學術性的刊物，愛好閱讀的圈子比較小，銷路自然不會太廣，銷路不廣，不容易收回成本，自然要長期賠本，站在經濟的立場來說，卻是感到困擾的。其實《藝壇》自創始以來，選刊的圖片，都很夠份量。同時也很有幾篇叫座的文章。如陳其銓先生的〈書法規範〉，是學習書法的最好範本，應該是每個學校老師們教學生的良好的教材。高拜石先生連續寫的幾篇傳記，也是學習書法篆刻朋友的津梁。程芥子先生的人物畫法淺說，更是難得的佳作。在這半年多的時間中，我所接觸到的朋友，對他的批評，都不算差。」

　　　　可是我們開辦之初對它的期望過高，到半年以後距理想太遠，
　　　　大家檢討得失，歸咎我的編輯方式太陳舊，不能迎合一般社會的需
　　　　求，決定要大事革新。因此我不得不辭去主編，改推姚夢谷先生擔
　　　　任。〔註45〕

　　對於被批評「編輯方式太陳舊」而去職，丁念先是不同意的，在〈發刊辭〉中他重申理想，而且也得到友好的鼓勵，說：

　　　　　但我總認爲一個刊物編輯方針，主要的內容是否和創辦宗旨相
　　　　符合，進而檢討它是否眞正具有學術的價值，和對民族文化有無貢
　　　　獻。要迎合大眾社會的口味，不是學術性刊物所能勝任的。至於編
　　　　輯方式的新穎與陳舊，決不是它成敗的主因。否則，近年來台灣各
　　　　書店爲什麼還要翻印幾十年前出版的舊雜誌呢？有很多朋友，同意
　　　　我的看法，鼓勵我繼續照原來的方式，另辦一個同性質的刊物，以
　　　　事實來證明這個看法是否正確。

　　俟後筆者曾於 2003 年 3 月 17 日過訪陳其銓先生，談及這段丁念先辭去

〔註45〕丁念先〈發刊辭〉《新藝林》第一卷第一期，1969 年。

《藝壇》主編事，陳其銓先生歎道：「當時因爲初期邀搞不易，丁念先以自藏碑拓刊登，被姚夢谷先生視爲有私心，爲己宣傳之嫌，而憤而辭去主編。再自籌劃《新藝林》，丁念先在經濟拮据，心情鬱悶之下，以致早逝。若姚夢古先生當時有容人的雅量，事則不應至此。」〔註46〕

　　莊慕陵先生爲這新雜誌定名爲《新藝林》，王壯爲先生對這個名稱，提供了寶貴的意見，他說：「在這新藝林思潮澎湃的時候，這個「新」字極易引起誤會。」因此丁念先特別說明，這個「新」字，不是畫派「新」舊的「新」，也不是内容「新」舊的「新」，而是當年北平有過一個名叫《藝林》的刊物，所以才標出這個「新」字，以示區別。丁念先對於《新藝林》雜誌是有期許的，初期暫定爲雙月刊，打算從第二年起改爲月刊。或出幾期有份量的專號〔註47〕。

　　而且想在內容上更有增進，盡量刊登著名的書跡、畫跡文物等國寶圖片，以供讀者的參考，品評欣賞和臨摹。並各有解釋以助了解與更進一部的認識。文字方面，則以整理史料畫跡闡釋理論技法並極品鑑的方法。以其對有志研究者有所貢獻〔註48〕。

　　他在〈發刊辭〉最後我得公開說明：「本刊是愛好藝術朋友的公開園地，竭誠盼望讀者的合作與支持，尤其謹告各位關心和鼓勵我的朋友，我一定會照原來的方向作去，寧使曲高和寡，也決不會改變一貫的立場和作風。」〔註49〕

　　這些話說的是相當痛心，他是寧折不屈的堅持理念，其不服輸的的直率可見一般。並且對中華文化的傳承，有其理想與抱負，都流露在字裡行間：

　　　　我國的文化，有悠遠而光輝燦爛的歷史，在世界文化體系中，
　　是獨特的一支。就現存的繪畫而論，從三代彝器上的圖案畫，經歷
　　兩漢三國兩晉南北朝的石刻畫和壁畫，進而到唐五代宋元明清，以
　　至於現代的各科繪畫，幾千年的漫長歲月，累積了無數聰明才智之
　　士的新血結晶，才有今天的成就。可以說一代有一代的特色，一人
　　有一人的面目。可是近幾十年來，曾經起過不少的反動浪潮。他們
　　既不細心推究中國繪畫發展的歷史，更不注意它的特質在哪裡，根

<hr>

〔註46〕筆者於 2003 年 3 月 17 日與莊永固先生、曾子雲先生藉全省美展審查之便，專訪陳其銓先生於中興興村自宅。
〔註47〕丁念先〈發刊辭〉《新藝林》，第一卷第一期，1969 年。
〔註48〕丁念先〈發刊辭〉《新藝林》，第一卷第一期，1969 年。
〔註49〕丁念先〈發刊辭〉《新藝林》，第一卷第一期，1969 年。

本不懂得辨別真假好壞，一味隨聲附和，盲目攻擊，說國畫專事臨摹，不知創作。甚至喊出打倒的口號，希望中國畫跟西洋畫跑。等到窺門徑而登堂奧，才知道不是那回事，可惜時不我與，追悔莫及了。以劉君海粟為例，當他回國的初期，狂妄不可一世，自號藝術叛徒，對古來什麼人的話，都看不入眼，後來醉心古畫，終至一味臨摹沈石田，崇拜四王，再也不敢批評古人了。相反的近來有不少國際友人，在這方面努力，雖然因為語言文字的隔閡，費力較多但他們的成就，是值得欽佩的。還有人問，那麼為什麼一張中國古代的名跡，在國際市場上反不及外國現代作品價值來的高呢？這是有原因的。一來外國人欣賞中國畫的程度還不夠，二來因為古畫的臨摹本太多以及失德畫人大量製造的贗跡使他們眼花撩亂常常上當因此中國畫難得在國外普遍受人的重視。至於寫字，本來是代表我們日常生活的重要工具，目前卻成了愛好書法者的專業，說來更是寒心。〔註50〕

〔註50〕丁念先〈發刊辭〉《新藝林》第一卷第一期，1969年。

第五章　丁念先隸書藝術特質探析

目前筆者共收集丁念先的書跡作品原作及資料百餘件，除一件民國三十八年四十二歲所作行書之外，其餘都屬於民國三十八年（1949）來台以後的書作，其中隸書以民國四十五年（1956）所書〈節臨漢魯相乙瑛請置孔廟百石卒史碑〉為最早，此作係為致贈名書家王壯為先生所寫。

綜觀先生存世書跡，以數量及品質而言，其旺盛之創作期當在民國五十年（1961）五十六歲前後。其來台前之書跡多不傳世，來台後或因喪偶之故，民國四十五年方見書跡，至五十八年去世，十四年間的作品數量，以書家而論，創作數量並不多。丁念先謝世僅三十餘年，無論原跡或印製影本，所見總數僅百餘件而已，所存者真是稀如星鳳。此一情況在民國五十九年，即丁念先猝逝次年時，國立歷史博物館為丁念先舉辦遺作特展時，就有作品數量稀少，及蒐集不易的困難。由於他生前惜墨如金，流傳下來的遺作極為有限，主辦單位大費周章，經四處張羅接洽，共展出百餘幅精品，大部分是書法，其中尤以隸書所佔的份量較多〔註1〕。

存世書跡的分期，其三十九年至四十四年以前之早期作品難以蒐全，有待未來持續探查；先生於民國四十五年至五十一年間的作品創作，博涉眾家，含括隸書、篆書、楷書及行草書，可說是廣泛使用各種書體的時期。五十二年至先生逝世五十八年間的作品，已逐漸專攻隸書作品，建立了自己獨特的書風。

〔註1〕張台生《台灣地區前輩美術家作品特展》（書法專輯）台灣省立美術館，1994年。

第一節　書宗兩漢的臨碑書跡

《海上繪畫全集》說：丁念先「書宗兩漢，于乙瑛、史晨、華山諸碑致力尤深，爲師友吳昌碩、高野侯、丁輔之、趙叔孺推許。〔註2〕」這段話可見丁念先在民國三十八年以前，除喜愛書畫外，甚至也曾致力於篆刻。民國三十八年遷台後，畫和篆刻的創作暫時擱下，專注於書藝的創作，尤其以漢隸八分爲主，爲當時書壇所推崇。除了「乙瑛」、「史晨」、「華山」外，廣臨的碑本還見「禮器」、「夏承」、「魯峻」、「鄭固」、「子游殘碑」、「朝侯小子殘碑」諸碑，其中以「禮器」和「夏承」尤爲著力，「禮器」之碑陰和碑側隸書，對他的影響更爲深遠。

漢隸是書法藝術史上一個特殊的精萃，八分隸碑進入東漢已達全盛時期，立碑刻石成風，流派崛起，相互爭鳴，風格多樣，體勢各異，結構運筆，變化無窮，各盡其妙。

在丁念先百餘件書跡之中，也以隸書的數量最多，所書隸書多數爲臨習漢碑之作，其中又以史晨前後碑、魯相乙瑛請置百石卒史碑、禮器碑（含碑陰、碑側）、西嶽華山廟碑，以及當年家藏海內珍本華氏眞賞齋舊藏明拓夏承碑。其他尚有魯峻碑、朝侯小子殘碑、韓仁銘、鄭固碑、新出土的子游殘碑（安陽殘石四種之一）等。由先生書作題識的記述，與作品書寫表現相互印證，再結合先生的書學論述學養綜合析探，將能助益瞭解其書法研創理念與作品之內涵情性。

王壯爲在悼念丁念先的文字中說：

> 念先之學，邃於版本，精於刻拓。然其藏書藏碑舉不能攜以渡海，隨身者惟書目耳。台灣無古籍佳版，其學嗜竟無所施，惟仍注其力於墨拓書畫，不數年而所蓄又稱富。於漢碑尤多佳本，臨川李氏舊藏之夏承碑則其更著者也。其嗜漢碑，殆由於擅爲分隸而致。嘗言初學隸於駱文亮先生，於桓靈名碑無不臨橅，而一以己法運之，駱先生之書未之獲睹，念先之隸則茂密古秀，自成一格，大有異於清代民初諸家之所爲。論隸不重完白，亦不宗覃溪，戛戛獨造，謂其度越前修，正非虛譽；……。〔註3〕

〔註2〕　《海上繪畫全集》，936 頁。

〔註3〕　王壯爲〈王跋〉，頁 105，《重編上虞丁念先先生書畫遺墨》，1991 年，書藝出版社。

這段話說明了丁念先收藏漢碑，是因爲自身善寫隸書的緣故，少時向駱文亮學隸書，對於東漢桓靈年間的碑拓無不臨模，並說是「而一以己法運之」。他所臨的碑拓種類很多，中道記述說：

> 念先平日最喜臨摹的漢隸，有西嶽華山碑、乙瑛碑、禮器碑、史晨碑、韓仁銘、魯峻碑等。有時也臨西狹頌、夏承碑。各碑字體本不同，而他在筆下所寫出的，卻大致相似。主要的他揣得隸法奧秘，提攝各碑的神髓，建立丁念先的隸法，因而不論其臨摹任何碑帖，皆以他自己的隸法「一以貫之」。〔註4〕

在丁念先的書跡中，臨寫漢碑的作品數量很多，他都會在作品款識上署明何碑，以其書跡的統計，其中「禮器碑」最多，計 15 件。「乙瑛碑」次之，計12 件。「史晨碑」11 件，所以是以孔廟三碑共 38 件最多。其他如「華山碑」12 件，「夏承碑」4 件，「韓仁銘」3 件。臨寫比較少的碑拓，還有「鄭固碑」2 件、「子游殘碑」1 件、「朝侯小子殘碑」1 件，「魯峻碑」1 件，在漢碑集聯中有一件七言八聯「武梁祠題字」一件等。

虞君質文中說到在「十人書展」中所見到丁念先的作品：

> 念先此次出品共十件，計有臨西嶽華山廟碑、禮器碑、乙瑛碑、魯峻碑、韓仁銘碑、八言隸書對聯、十一言小聯、合作屏聯、隸書詩品屏，以及爲了他夫人逝世十週年祈福而寫的聖經新約條幅。以上雖只寥寥十件出品，但已可從中看出念先對於漢隸所積數十年功力之深，已逾尋常。〔註5〕

展出的十件作品，其中包含了臨寫漢碑的作品五件，佔所有作品的半數。可見臨寫漢碑在丁念先來說，是創作上的一個重心所在。

至於丁念先臨寫漢碑的情況，在他一篇重要的〈兩漢石刻文字與石刻畫〉〔註6〕論文中，有相當詳細的論述，以下依據他所寫過的漢碑，分碑闡述：

一、禮器碑

丁念先對禮器碑是極爲推崇的，說：

我自己學隸書是從禮器碑打基礎。我也常勸朋友們，要學隸書，應從禮

〔註4〕中道〈念聖樓主丁念先的遺作〉，頁 24，《藝壇》30 期，59 年 9 月。

〔註5〕虞君質〈談漢隸〉，頁 231，藝苑精華錄第一輯，1962 年。

〔註6〕丁念先〈兩漢石刻文字與石刻畫〉（下）《大陸雜誌》第三十卷第六期。

器碑開始。禮器碑的字，用筆最挺勁，結體最嚴密，變化最多，碑陰及兩側尤入化境，而補題名各行更饒奇趣。清代名書家王虛舟、翁覃谿等一致認爲禮器碑的字，性情形質，都到了絕頂。方小東說：「此碑之妙，不在整齊而在變化，不在氣勢充足，而在筆力健舉，漢隸佳者雖多，由此入手，流麗者可摩、方正者亦可摩，高古者可摩，縱橫跌宕者，亦無不可摩也。蓋隸法之正變，於此碑之正文與陰及兩側已盡。」（見附圖 5-1）近人楊惺吾也認爲「漢隸如開通褒斜道、楊君石門頌之類，以性情勝者也，景君、魯峻、封龍山之類，以形質勝者也，兼之者惟推此碑。要而論之，寓奇險於平正，寓疏秀於嚴密，所以難也。」方楊兩家，都是經驗之談。孔林諸碑，著名的幾種，選石都極精，此碑至今損字不多。傳氏舊拓，據余所知，以上海有正書局影印本爲最佳，應是宋拓。我所藏的明初拓，堪居第二，文明書局、藝苑眞實社、日本清雅堂、二玄社影本，都是明拓，惟商務印書館影印本，所據是翻刻，有錯字，不可學〔註7〕。

　　檢視遺作中，他對禮器碑的臨寫，也以碑陰、碑側爲多，在所收集的十五件作品資料中，竟有九件是屬於碑陰、碑側的臨寫，更特別令人注意的是民國五十三年甲辰長夏所作〈臨禮器碑陰〉〔註8〕（圖 5-2），此件作品若與原碑比對可知，內容是將散布在碑陰與碑側各處的數段文字集臨而成，筆者爲求其眞實，將此原碑文字剪輯合成後以反白處理，得到如同墨跡一般的原跡效果（圖 5-1），在結字上看來，其字與字的間距更爲縮小緊密，像極了兩漢之際的出土漢簡，尤其是識字書急就篇教本的墨跡（圖 5-3）。因爲漢碑的撰書，一向以莊嚴平整的方式書寫，但至碑陰、碑側時，已非碑之正文，因此書者在創作時，則能自由隨意揮灑，因此展現出異於碑之正文的書性。在用筆的技巧上，十分近似漢簡的書寫，起筆有藏有露，行筆時遲時速，轉折有方有圓，收筆時銳時鈍，尤其十分誇張的波勢，各各不同，可想見書者創作時，會因爲心緒的起伏，筆觸產生律動，恣意揮灑，這樣便提昇了書法藝術性，文字形式的實用性一如漢簡，丁念先在這裡得到隸書自由自在書寫的空間，這在其他碑中是沒有的。

〔註7〕　丁念先〈兩漢石刻文字與石刻畫〉（下）《大陸雜誌》第三十卷第六期。
〔註8〕　採自《上虞丁念先書畫遺墨》，25 頁。

圖 5-1

摘自二玄社刊漢禮器碑，1、2、3 屬碑陰　4 則屬碑側

圖 5-2　《上虞丁念先先生書畫遺墨》書法之部

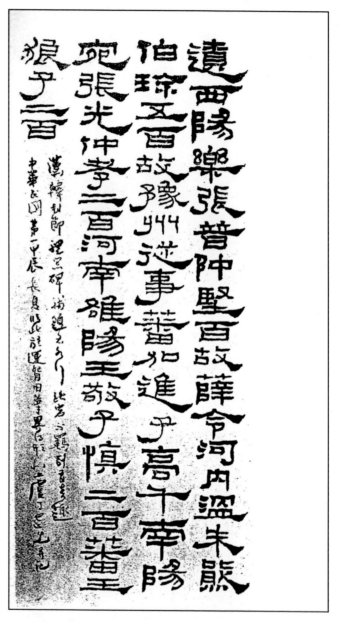

《上虞丁念先先生書畫遺墨》書法之部，第廿五頁，民國五十
三年（1964 年）

釋文：漢韓叔節禮器碑補題名數行跌宕不羈，別有奇趣，中華民國第一甲辰長
　　　夏臨此，於運腕用筆略得形似，上虞丁念先並記。

圖 5-3

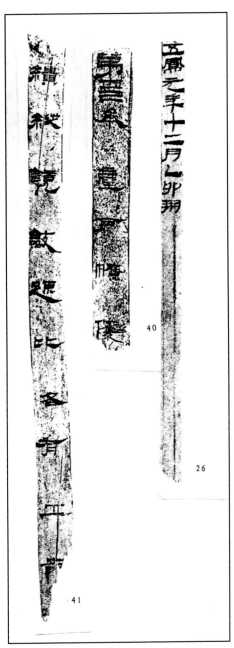

摘自《書道全集》2 漢，第十一、
十二頁，居延出土漢簡

摘自《書道全集》2 漢，第六、九
頁，敦煌出土漢簡，其中 40、41
簡文為識字書教本《急就篇》

　　丁念先說禮器碑的字，用筆最挺勁，結體最嚴密，變化最多，碑陰及兩側尤入化境，而補題名各行，更饒奇趣。從他臨禮器碑的隸書書跡中，發現他並不依禮器碑的字跡順序，而是特別挑選較爲雄偉綿密者，因此採取跳臨，作爲臨寫的範本，而一寫再寫。而他也確實在其中的綿密組合中汲取體驗了隸書的另一種創新的書寫方式。尤其是那幾段「補題名」，由於是在碑陰及碑側刻成之後再追加補刻的，因此分散補入在各行所餘的空處，依書風而言亦與原有碑陰題名文字異趣，因此念先先生尤爲喜愛。由其臨習的情況，可以瞭解先生讀碑觀察與研究之精深入微，古今未見此境同例，令人嘆服！這種書寫方式，也成就了他在隸書書寫上的特質。

　　在丁念先臨寫的過程中，也曾試圖改變這種任意揮灑，造型時長、時扁，字距錯落而形成有行無列的佈局，改以謹嚴且平正令其有行有距的一般排列形式，如民國五十八年己酉上元爲贈送書家丁玉熙而作的〈禮器碑補提名四行〉（圖 5-4）〔註 9〕，雖然筆意甚佳，但似乎依照正文的嚴整方式而書，誠與原碑陰的自由疏放之勢相左，奇趣轉相，但亦可見到丁念先試圖以碑陰之筆意納入書碑正文的用心。

二、乙瑛碑

　　據《海上繪畫全集》年表中對丁念先的記述，說他在上海時期的隸書「書宗兩漢，於乙瑛、史晨、華山諸碑致力尤深，爲師友吳昌碩、高野侯、丁輔之、趙叔孺推許。」〔註 10〕他在十六歲前就開始寫隸書，之後遍臨各碑，丁念先對乙瑛碑的評語，說：

>　　此碑書法方正沉厚流逸遒勁足稱宗廟之美。翁覃溪稱爲「骨肉匀適，情文流暢，漢隸之最可師法者。」我以爲學禮器之後，轉師乙瑛，有水到渠成之樂。但學得不好，極容易走入唐人甜俗一路，所以必須先從禮器奠基礎。碑末有「後漢鍾太尉書宋嘉祐七年張稚圭按圖題記」二行，按鍾繇卒於魏太和四年，去永興七十八年，其誤不足辯。此碑余曾藏舊拓四本，其間號爲宋拓者，實皆明初拓本。辟雍「辟」字，明初拓本，右旁辛下三字完好。上海文明、藝苑、有正、日本清雅堂、二玄社各影本，皆明拓本。〔註 11〕

<hr>

〔註 9〕摘自丁玉熙編輯《近代名家書法專輯》台中文化中心發行，1989 年。
〔註 10〕參見《海上繪畫全集》年表，頁 1013，上海書畫出版社 2001 年 12 月。
〔註 11〕丁念先〈兩漢石刻文字與石刻畫〉（下）《大陸雜誌》第三十卷第六期。

圖 5-4

摘自《近代名家書法專輯》丁玉熙編輯，台中文化中心發行，
78 年 3 月出版，民國五十八年（1969 年）

釋文：漢韓叔節禮器碑補題名四行，似玉熙吾宗方家正己酉上元，上虞丁念先
　　　印：念先、丁守棠

其中說到「我以爲學禮器之後，轉師乙瑛，有水到渠成之樂。但學得不好，極容易走入唐人甜俗一路，所以必須先從禮器奠基礎。」是他自身的經驗，很值得習書人作爲參考。他上海時期作品今雖不存，從他臨「乙瑛碑」十二件作品看來，下的功夫很深。昔學古齋舒明量先生藏有兩件「乙瑛碑」隸書，都是精品〔註12〕，這兩件已在前章中敘及，一件是寫在〈焚扇記〉的背面，另一件是〈乙瑛百衲本四屏〉。

1、書例一：臨乙瑛碑扇面（焚扇記）

丁念先所作〈焚扇記〉背面是臨乙瑛碑隸書的扇面，就款識略知是爲朋友蕭石緣所書，爲臨乙瑛百餘字。他因未能於石緣生前踐宿諾，乃效季札掛劍故事，焚於靈前，以報知己於泉下。而扇子並未焚於靈前，存於舒明量之學古齋中，大約是以影本代焚。扇一面爲隸書，另一面是山水畫，書與畫俱精，書成於民國四十八年（1959年）己亥夏。

所臨乙瑛碑隸書扇面（圖5-5），共書隸書27行109字，在一扇面上書隸書百字，全扇佈局精雅，而字間疏朗，筆筆嚴整，無一敗筆。吳平先生回憶說，字小而精，實則難得。

圖5-5　臨乙瑛碑扇面（焚扇記）

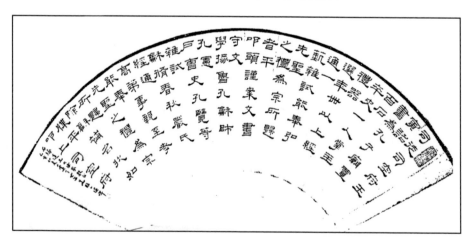

書例二：乙瑛百衲本四屏（圖5-6）

江兆申於民國五十六年（1967年）丁未補題的丁念先所書隸書四屏（圖5-6），爲舒明量乞得剪輯而成此屏，此作因丁念先不滿意，以致淪爲墊鍋底

〔註12〕吳平先生曾在學古齋見過此兩件，認爲是精品。

的廢紙，原為 3 尺×6 尺全紙大小，經裁為四屏，作幅甚大，論筆墨應屬晚年精熟之作。信筆行來，筆沉墨厚。學古齋舒明量先生，是丁念先先生晚年有難時肯出面保釋他的友人，舒先生所藏，臨乙瑛碑扇面，乙瑛百納本四屏，也因為舒明量的搶救，倖免於被焚、被廢，筆者方能於學古齋歇腳飲茶之際得觀與把玩。

圖 5-6　乙瑛百納本圖四屏

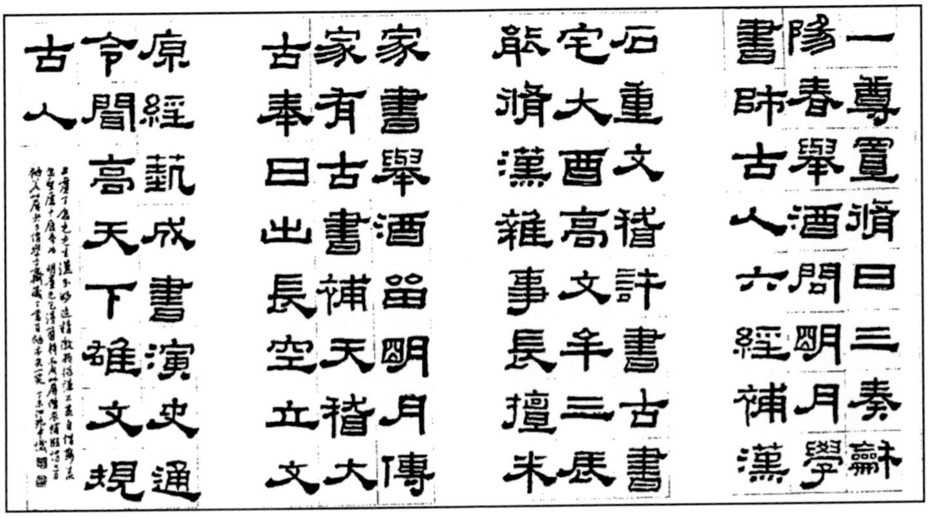

三、史晨前後碑

丁念先曾著〈漢史晨前碑考釋〉一文約五千言，結語謂：

> 此碑與禮器、乙瑛並稱孔廟三碑，書法規矩謹嚴，不作險怪之筆，自為漢分正宗，亦為習隸必經之階。〔註13〕

他又說：

> 史晨前後碑即史晨奏銘及史晨饗孔廟碑，與禮器、乙瑛，合稱孔廟三碑，此三碑為習漢隸必經之階。此碑每行本為三十六字，故宋、元、明初拓本，均得全拓，以後碑漸陷入趺內，故明末清初拓本，每行僅拓得三十五字，每行末一字，均未得拓得。乾隆四十二年升碑後，全文始得復顯，但每行末一字已僅得半字，書法規矩謹嚴，八分之正宗也。方小東稱其「蕭括宏深，沉古遒厚，結構與意

〔註13〕《美術學報》創刊號，1966 年。

度皆備，洵爲廟堂之品。」余未見明初以前拓全文本，所藏肅肅本，已在升碑以後。〔註14〕

「史晨碑」有前後兩面，一面稱「史晨前碑」，亦即「魯相史晨祀孔廟奏銘」或「魯相史晨孔廟碑」。另一面稱「史晨後碑」，即「魯相史晨饗孔廟碑」。吳平先生藏丁念先〈臨史晨後碑〉長卷的款文中，其參引清方朔《枕經堂金石跋》而題云：「此碑書法肅括宏深，沉古遒厚，結構意度無不規矩謹嚴，不媿爲廟堂之品。……」

1、書例一：書史晨後碑長卷　民國四十九年（1960年）作

〈臨史晨後碑〉長卷係吳平先生所藏，此卷總長約三十尺，900公分。民國八十年間，因此卷略見破損，吳平先生託舒明量先生代爲重新裝裱整理，在裝裱前影印兩份，筆者乞得其中之一未完整者，雖僅印得原作後半三分之一長度，因此保有原作後之完整長款（圖5-7），自跋：

圖5-7　丁念先〈書史晨後碑長卷〉款識

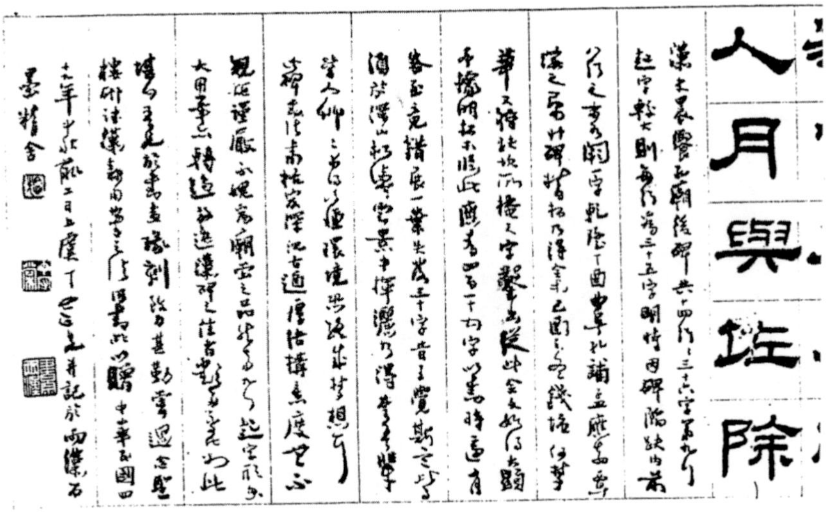

漢史晨饗孔廟後碑共十四行，行三十六字，第九行起字較大，則每行爲三十五字。明時因碑陷趺内，前八行之末各闕一字；乾隆丁酉，曲阜孔譜孟應翁覃溪之屬，升碑精拓乃得全本；己酉之冬，錢塘何夢華又將趺坎所掩之字鑿出，從此全文始得大顯。予據明拓

〔註14〕丁念先〈兩漢石刻文字與石刻畫〉（下）《大陸雜誌》第三十卷第六期。

本臨此，應爲四百一十五字，以書時適有客至，竟錯展一葉，失落三十字。昔王覺斯言，此事須於深山松濤雲景中揮灑乃得，奈吾輩勞人草草，求得此種環境，恐終成夢想耳。

　　此碑書法蕭括宏深，沉古遒厚，結構意度無不規矩謹嚴，不媿爲廟堂之品。然第九行起，字形忽大，用筆亦轉趨放逸，漢碑之佳者，類多變化如此。堪白吾兄於書畫篆刻致力甚勤，嘗過念聖樓研討漢隸用筆之法，因書此以贈。

　　中華民國四十九年（1960）中秋前二日，上虞丁念先並記於兩漢石墨精舍。

從款識中可見到，丁念先不僅臨寫碑版拓本，並深入研究此碑的歷史，此長卷係據明拓本所臨寫，故各行第三十六字均缺。款識中提及先生書寫到碑文第十行第廿五字時，適逢書家李超哉登門造訪〔註15〕，由於長子聽障，家中無人能代爲應門，因此擱下筆前往開門接待，俟朋友去後再行提筆，在「濡麥給，令還」的接續處錯翻一頁，因此漏寫碑文第十行「所斂民錢材」，及第十一行「史君念孔瀆顏母井，去市遼遠，百姓酤買，不能得香酒美肉。於昌」等三十個字。（其實最後十三行亦因其所用拓本已剪除而遺漏第十八字「表」，依其錯頁，可推知其所用此碑明拓之版本，剪貼成每頁十五字。）。因有此誤，先生因此發出吾輩中人皆未能於超塵脫俗的環境中自由自在地揮灑的浩嘆，頗慕古人能於心無牽絆，身在深山松濤雲景中，全無俗慮下作學問。

　　〈書史晨後碑〉（圖5-8）長卷這件如此巨作，誠然耗心費力，完成後卻毫不吝惜地贈與小其十歲的晚輩吳平先生，吳平先生當時已是精研書畫、篆刻的名家，只因曾登念聖樓與先生研討隸法，便獲見重得此三十餘尺巨作，只爲晚輩有志於碑學，可以見到先生愛才惜才是不遺餘力的長者風範。關於丁念先與吳平先生的關係，張隆延先生曾有「受業於念先的印人吳堪白，卓爾不群；所作已足睥睨海內外！遑論乃師？」〔註16〕之語，直指吳平先生爲先生弟子。麥鳳秋在《四十年來台灣地區美術發展研究之五》亦有相同說法〔註17〕，惟從先生款識中以「堪白吾兄」相稱題贈，似乎並非以弟子視之。經面訪吳平先生，說：「雖然沒有師生的名份，說丁念先是我的老師，

〔註15〕係吳平先生及舒明量先生所相告。
〔註16〕張隆延〈十人書展第三回〉，頁24，《暢流》。
〔註17〕麥鳳秋《四十年來台灣地區美術發展研究之五》。

也不爲過。〔註18〕」由此看來，二人顯然是「亦師亦友」的情感，這在藝壇上也是相當常見的事。

圖 5-8　〈書史晨後碑長卷〉局部

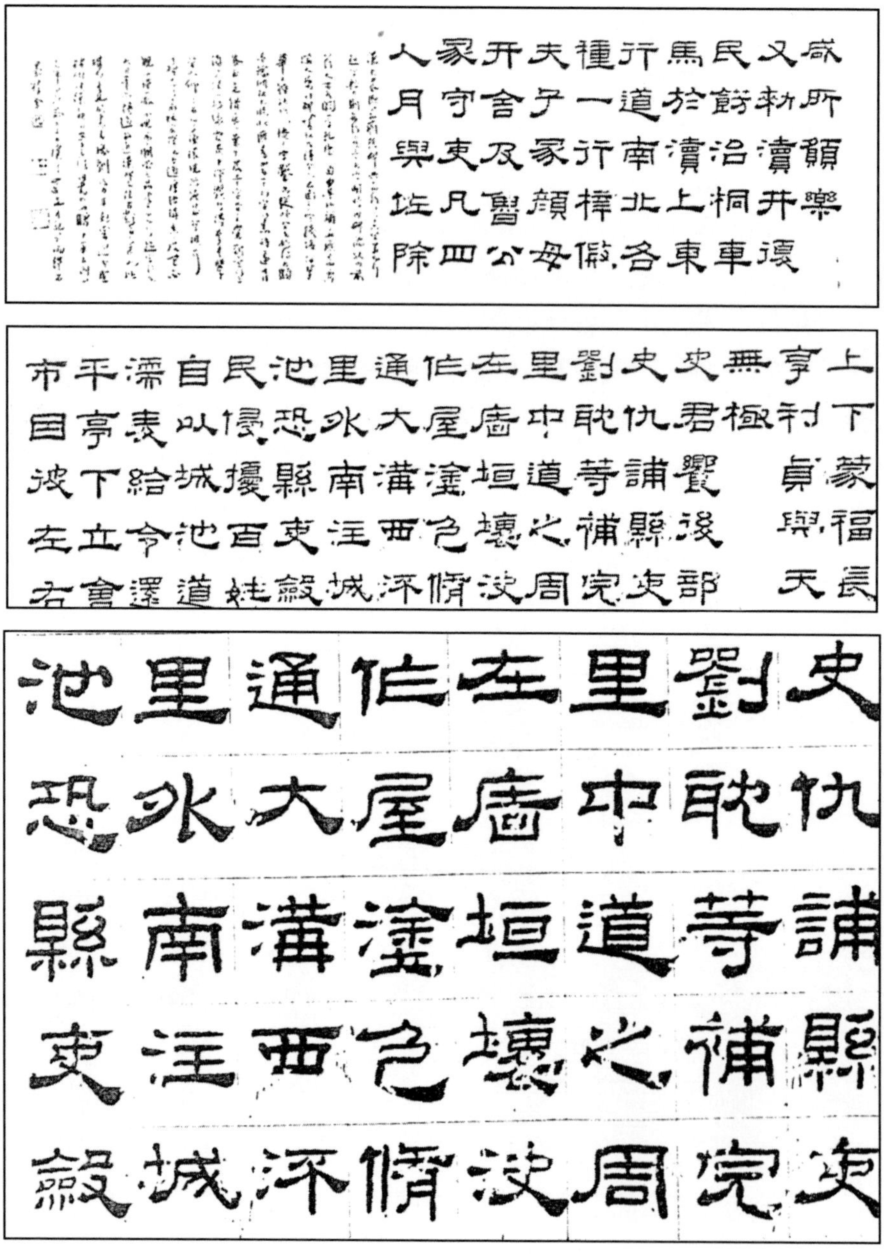

2、書例二：〈賀王壯為壽書史晨後碑〉（圖 5-9）　民國五十七年（1968年）作

丁念先曾書史晨碑多件，在民國五十七年時，亦曾書漢史晨後碑全文，為王壯為先生祝六十歲壽。此為先生去世前一年的書作，所臨寫碑文計 423字。根據《秦漢碑述》所載：「魯相史晨饗孔廟後碑，……孔誧孟後，至乾隆已酉何元錫又掘碑基得全拓，審之，是碑凡十四行，行三十六字，第八行為三十三字，第十行三十字，第十二行四字，第十三行廿五字，第十四行廿一字。〔註19〕」而其第四行亦二十五字。

圖 5-9　丁念先〈賀王壯為壽書史晨後碑〉1968 年作

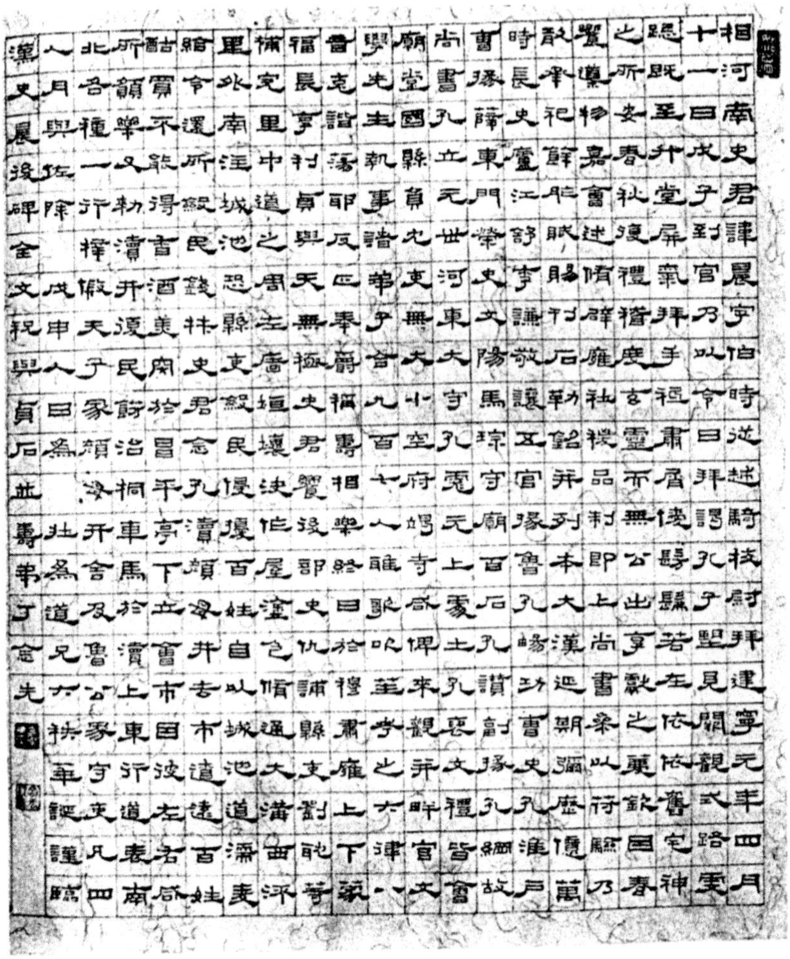

〔註19〕《秦漢碑述》，332 頁。

　　細審此作，先生臨寫時遺漏碑文第四行第十七字「奏」字，其餘字數相符。應是清代拓本，先生可能認爲此清拓本亦佳，同時，古拓本各行的第三十六字均缺闕，以致未能接續連讀此碑「全文」，則與此作「祝與貞石並壽」之意略有出入，故不強求宋明拓本矣。

　　〈史晨後碑長卷〉與〈賀王壯爲壽書史晨後碑〉中堂，二件相互排比，長卷因極嚴整，以結字論，有「字取其方」之勢，有些字明顯拉長，甚至長方，比較接近丁念先的宋詞集聯系列的書作結字。

　　而〈賀王壯爲壽書史晨後碑〉，以筆者看來，較長卷作品更爲艱難，以一全開中堂幅寬列二十一行，每行二十二字，通幅佈局以朱絲欄勾妥，字字嚴整，謹守法度，而一氣呵成。在結字上，有著與長卷之大不同之處，以接近原石碑隸字呈扁形的結構書之，通幅一筆不苟，充分寫出原碑的原味，有行筆間的用心，表達了對王壯爲這位至友的敬重。

四、夏承碑

　　丁念先因爲收藏夏承碑宋拓本，對夏承碑特別有所偏愛，也做相關研究：

　　　　此碑相傳是蔡邕書，體兼篆隸，爲漢隸之奇品，蓋用寫篆書之筆作隸書，與吳皇象天發神讖以隸筆作篆書者，無獨有偶。洪景伯隸釋，稱爲「字體頗奇怪，唐人所祖述。」王秋澗則謂：「如夏金周鼎，形模怪譎，雖蛇神牛鬼，龐雜百出，而衣冠禮樂，已胚胎乎其中。所謂氣陵百代，筆陣堂堂者乎。」王弇州稱：「其隸法時時有篆籀筆，與鍾梁諸公小異，而骨氣洞達，精采飛動，疑非鍾郎不能。

楊繩祖謂：「筆意飛動，精神如在，如景星卿雲，豈可多得。」翁覃谿說：「是碑上承篆隸，下開正楷，爲古今書道一大關鍵。」又謂：「其左右倚伏，陽開陰閉之妙，信爲隸書圭臬，其有目爲奇怪者，未可以爲信。」並引述鍾郎隸勢中語：「修短相副，異體同勢，奇姿譎誕，靡有長制。」及寶臬述書賦「榮戟彎弧，星流電轉」，皆與是碑合。程瑤田云：「鍾郎有九勢八字訣，惟此碑無訣不具，無勢不備，當以此爲漢世諸碑字之冠，中郎書法超絕一代，凌轢萬古，其九勢云：惟筆頓則奇怪生焉，然則中郎所謂佳者，在於奇怪也。論者不明書道，輒以此書奇怪，而欲降格位置之，亦異乎吾所聞也。」予以爲此碑圓勁飛動，奇姿譎態，傳世隸法之妙，無出其右，惟無篆隸基礎者，則

有無從下筆之感，有清一代鄭谷口、朱竹垞均得力於此。〔註20〕

　　丁念先著力於碑帖收藏，來台不數年，漢碑佳本尤多獲藏，其中臨川李氏舊藏之夏承碑尤著，它是海內孤本。丁念先於民國五十七年（西元 1968年）於《藝壇》連載八期，完全公之同好，得見此孤本，前有錢塘黃易題籤，潘奕雋題「宋拓夏承碑」，名家翁覃溪題籤，並補寫其中缺佚三十字於碑拓本之後，卷末更有明代丰道生，楊繩祖長跋，在諸漢碑中〈夏承碑〉獨具風采，字體方正，筆筆勻稱，雍容大度，運筆極富變化，藏露方圓，抑相頓挫，舒展自如，集篆籀隸楷各法於一體，世人不僅對它的書法評價很高，而且認為直接影響後代書風。清王澍評「此碑字特奇麗，有妙必臻，無法不具，漢碑之存於今者為此碑絕異，然漢人渾樸沉勁之氣於斯雕刻已盡」〔註21〕

　　應是較為持平之論，當丁念先將此本於《藝壇》刊登完畢，名作家蘇雪林有一親筆函給丁念先說：「此碑每頁合觀，固跳盪多姿，逐字研討則結構不甚嚴整，非隸法正宗。……購得泰山石峪金剛經，固大氣淋漓，儡人心目，然不宜于臨摹，其敝與夏承碑同。」〔註22〕

　　丁念先於《藝粹》中〈談八分書〉說：「雄偉的有衡方碑、魯峻碑、張遷碑等等，其中尤以夏承碑最為特別，這碑是用篆字的書法來寫隸書，可稱為八分隸的奇品。」〔註23〕

　　奇與正，是美的兩極，丁念先初學隸由平正的孔廟三碑開始，書宗兩漢，特好選舊拓，並視金冬心、鄧石如、黃小松、伊秉綬等都是有清一代隸書大家〔註24〕，民國初期則推崇其師褚德彝、高野侯以及胡漢民，特別提及胡漢民專寫曹全碑，字體不能放大，不如褚、高兩先生雄偉有變化。清代名家，大多以筆墨取勝，綿密、雄偉的書跡，一時也成為清末書風的主流，連完白、吳昌碩也不例外。

　　丁念先志於翰墨，除學識研究、書寫、畫畫外，更涉篆刻〔註25〕。碑拓選擇其視為漢隸正宗的孔廟三碑，更力求金石味，來台後有鑒於胡漢民專

〔註20〕丁念先〈兩漢石刻文字與石刻畫〉（下）《大陸雜誌》，第三十卷第六期。

〔註21〕轉自〈陳耀林「夏承碑」校讀記〉北京文物出版社，《書法叢刊》，2001年，第二期，總第六十六期，第6頁。

〔註22〕《重編丁念先先生書畫遺墨集》，第79頁。

〔註23〕《藝粹》二卷四期第16～17頁。

〔註24〕同上。

〔註25〕《海上繪畫全集》，930頁。

寫曹全碑，字體不能放大之弊，於是涉獵更廣，尤其獲此〈夏承碑〉孤本奇品，與早年丁先生書跡大異其趣，晚年書跡，處於正奇融貫之際，時瘦，時胖。

其遺墨中，以民國四十六年（1957），所臨寫夏承碑 24 個字（圖 5-10）為最早，也最忠於原碑，如豎筆連接波筆轉彎處，碑字皆做兩筆銜接，而不作一筆完成。丁念先也依樣畫葫蘆，我們將原作與碑字相較（圖 5-11），其中繩、執、允、先、已這五個字的波筆，一目了然。另一件作品〔註 26〕，有 67 個字（如圖 5-12），但〈夏承碑〉（圖 5-13）像上五字的右波筆僅兗、也、二字，餘丁念先根碑字心摹手追，連碑字橫長畫無一平正，總曲折書寫而成，丁念先於晚年亦大膽仿效，較之其師褚德彝，雖也由禮器入手，曾得筆劃豐實的甘陵相尚博殘碑拓片〔註 27〕（圖 5-14），在其書跡未見受影響。丁念先之於夏承碑字的亦步亦趨，勇氣可見一般。

在夏承碑拓本卷尾所佚三十字係翁方綱所補寫（如圖 5-15），這三十字從未見丁念先臨寫，兩人書跡相較，丁念先非但豐實過之，線條金石味，點畫的兩側呈波狀，較翁方綱行筆的平滑，丁念先行筆疾澀之勢俯映亦勝之。無怪乎王壯為先生於《上虞丁念先先生書畫遺墨》跋曰：「論隸不重完白，亦不宗覃溪（翁方綱），戛戛獨造，謂其度越前修，正非虛譽……」

〔註 26〕另見《丁念先先生書畫遺墨》，第 15 頁。
〔註 27〕圖見《書法叢刊》，1998 年第一期，32 頁。

圖 5-10　　　　　　　　　　　　圖 5-11

先人後己克讓有終
進邊以禮先道篤愛
彈繩執憲忠縈清肅

摘自《遺作集》第三頁，十人書展
第一回作品之一

丁念先收藏海內孤本中前作之廿
四個字（原寸四分之一）

圖 5-12　　　　　　　　　　　　　圖 5-13

君諱殘字偉瑗東業府君之孫
大尉掾之申子名卑郎將弟也
累業牧守其印綬典撫十有餘人
皆德任其位名豐其麗是故寵
祿傳于歷此帶蕆著于王室君
鍾其美受性淵懿

節臨漢夏承碑
辛丑仲夏廣丁念先漙

摘自《遺作集》第十五頁。

丁念先收藏海內孤本中〈夏承碑〉
局部，爲原寸四分之一。

圖 5-14　丁念先老師褚德彝曾收藏甘陵相尚博殘碑初拓片

甘陵相□博殘碑拓片

額題：（上缺）甘陵相尚（上缺）府君之碑

東漢

一九二三年河南偃師出土，現藏河南省博物館。

碑陽隸書，碑額篆書。拓片高一六五、寬四九厘米。

此拓係陳景陶、褚德彝遞藏初拓本。

摘自《書法叢刊》，1998 年第一期總 53 期，第廿二頁

圖 5-15　海內孤本夏承碑

丁念先收藏海內孤本夏承碑、翁方綱所補三十字，爲原寸四分之一

五、韓仁銘

　　韓仁銘與夏承碑，是丁念先的收藏。他並將此二碑拓公諸於世，韓仁銘在丁念先離開《藝壇》自辦《新藝林》雜誌時，亦曾連載於第一卷第三、四期，公之同好，惜未竟全貌，丁念先便與世長辭。從《新藝林》雜誌上所載，確屬極佳拓本（圖 5-16）。

　　清楊守敬曾評此碑說：「清淨透逸，無一筆塵俗氣，品格當在白石卒史之上。」〔註28〕

　　方傳鑫認爲「此碑用筆遒勁，結體布置隨字而安。字體疏朗，行間茂密，和而能變。凡習漢隸者，學廟堂巨制易得用筆之妙，而難於筆勢開張，學摩崖石刻者，易得結體之奇崛，而難得用筆嚴謹，而此碑兼而有之。」〔註29〕

　　丁念先臨寫作品如民國五十年（1961 年）書贈王參議所作（圖 5-17），若取樣此作及韓仁銘字，夏承碑碑字之同或類似者（如圖 5-18），詳加比對，丁念先雖是臨寫韓仁銘，若遇生宣紙，心存精密雄偉的理想，用筆的律動和布白反似夏承碑。由此可知丁念先受夏承碑的影響遠超過韓仁銘。假如我們再看民國四十九年節臨韓仁銘（如圖 5-19〔註30〕），丁念先此作較之民國五十年書贈王參議那件作品，顯得疏秀，丁念先受夏承碑的影響，時胖、時瘦又一

〔註28〕轉自方傳鑫《韓仁銘》〈簡介〉上海書畫出版社，2001 年。
〔註29〕方傳鑫《韓仁銘》〈簡介〉上海書畫出版社，2001 年。
〔註30〕捐給歷史博物館作品之一，摘自《典藏目錄》。

例証。

圖 5-16

圖 5-17

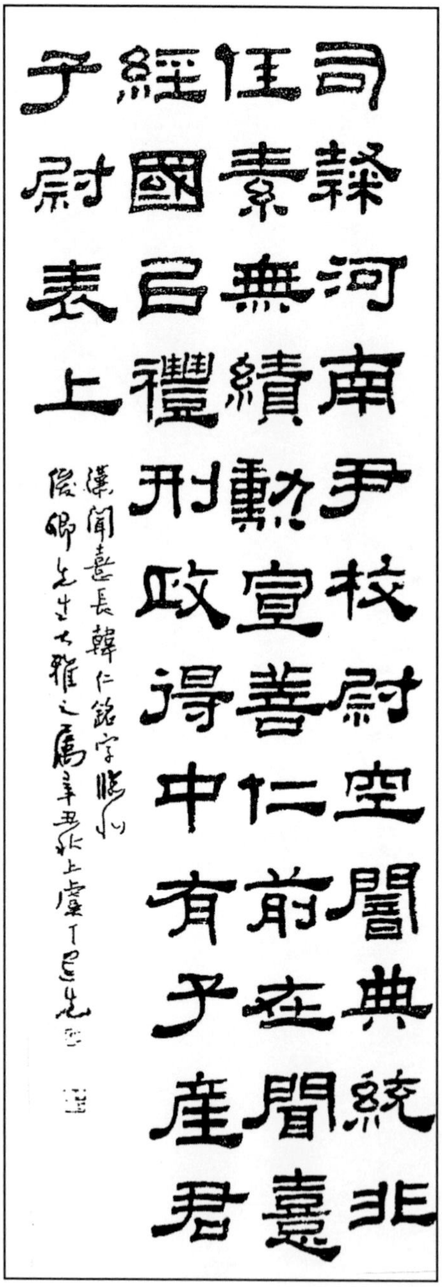

司辭河任經于
空河南素國尉
閣南尹無己表
典尹校績禮上
統校尉勳刑
非尉空宣政
空闇善得
閣典仁中
典統前有
統非在子
閒產
臺君

漢聞憙長韓仁銘字臨似
俊卿先生大雅之屬辛丑秋上虞丁念先印：念先，

王參議禮騏先生提供，民國五十年（1961 年）縱 100cm 橫 30cm
款識：漢聞憙長韓仁銘臨似俊卿先生大雅之屬。辛丑秋上虞丁念先印：念先，
　　　丁守棠

圖 5-18

取樣韓仁銘　　丁念先臨韓仁銘　　取樣夏承碑

圖 5-19　節臨韓仁銘隸書立軸

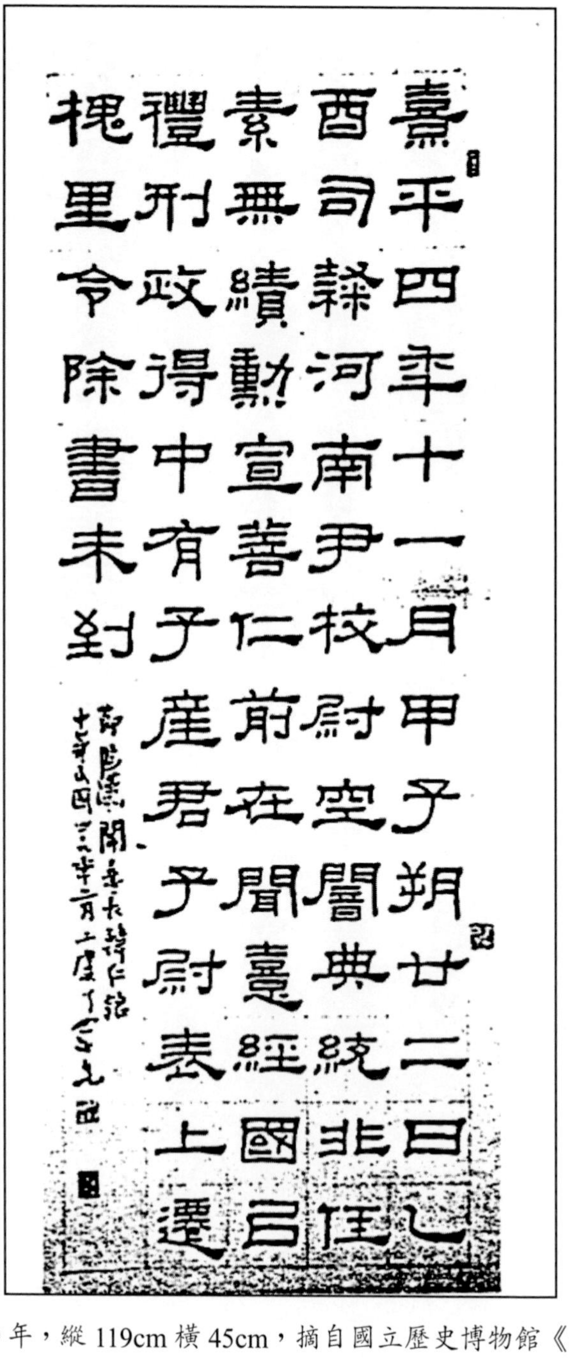

民國 49 年，縱 119cm 橫 45cm，摘自國立歷史博物館《典藏目
錄（二）》

六、西嶽華山廟碑

　　西嶽華山廟碑，此碑原石於明代嘉靖年間燬於地震，原石已失，拓本僅存，是漢碑中的孤本。存世原石拓本流傳有緒者僅有四本：長垣本、華陰本、四明本、揚州本。以長垣本爲宋拓，字數最多。丁念先對四本流傳經過皆詳加考證。

　　西嶽華山廟碑與孔廟三碑，是丁念先志於翰墨之初，用功最深的漢碑，雖然他對於華山碑碑文的研究並未有專文傳世，然在他的《漢碑資料研究十六種油印本》（鍾克豪教授收藏丁念先先生彙集研究手稿）中關於華山碑已彙集十五頁近萬言的資料，祇未著手脫稿而已。可見丁念先對華山碑認識之深，已超過〈兩漢石刻文字與石刻畫〉一文中所討論的四本存世原石拓本的範圍。

　　據《海上繪畫全集》所載丁念先「書宗兩漢，于乙瑛、史晨、華山諸碑致力尤深，爲師友吳昌碩、高野侯、丁輔之、趙叔孺推許。」可知丁念先涉獵華山碑，是很早的事，雖然在《上虞丁念先先生書畫遺墨》和重編本中，僅收錄一件華山碑臨寫之作，所幸社會人士的收藏共徵集了十二件作品補其不足，因此數量與史晨、乙瑛、禮器孔廟三碑，可說等量齊觀。丁念先雖從未在研究文字中強調此碑的重要，甚至於〈兩漢石刻文字與石刻畫〉說「如果寫過孔廟三碑則熹平石經、華山、武榮、張壽、韓仁、封龍山、鄭固、子游殘碑、朝侯小子碑等，用筆相近，無須再下苦功。」但是據筆者對他書跡的觀察，發現他對華山碑的臨寫，時間既早，而且深厚，專就華山碑中存世原石四拓本之一的長垣本臨寫。此碑拓本爲日本中村所得，現藏日本書道博物館，此本屬宋拓，是存字最多者。

　　朱竹坨曾跋長垣本，詳論漢碑書法說：「漢隸凡三種；一種方整，鴻都石經，尹宙、魯峻、武榮、鄭固、衡方、劉熊、白石神君諸碑是已。一種流麗，韓敕、曹全、史晨、乙瑛、張表、張遷諸碑是已。一種奇古，夏碑、戚伯著諸碑是已。惟延熹華山碑正變乖合，靡所不有，兼三者之長，當爲漢隸第一品。」〔註31〕

　　朱竹坨認爲華山碑兼具漢碑眾碑之長，更認爲是漢隸第一，必有其深入的認識，而丁念先致力也深，其《上虞丁念先先生書畫遺墨重編本》中有一

〔註31〕施安昌編著：《漢華山碑題跋年表》，文物出版社出版，1991年1月，第一版。

件作品（圖 5-20），作反白處裡後，極像碑拓，將從長垣本中所取樣的六十三個字（如圖 5-21），其墨迹影本（如圖 5-22）曾參加第一次「十人書展」〔註32〕作品。以從三圖同時進行比對的結果，明顯見到其師駱文亮所言「隸書結體多扁，余取其方。」〔註33〕對隸書的創新觀念，不難發現丁念先以臨寫華山碑字體的結構，從事隸書的實踐和紮基的痕跡。就丁念先書跡與碑文互相排比，在字形上，方正相同，在橫筆上面明顯密實，豎筆也比原碑字長，每字的中宮緊密，在黑白虛實對比上更加強烈。這種結字表現，平正少曲折，若與書贈文雷先生〈臨華山廟碑隸書斗方〉比較（如圖 5-23），我們從長垣本原碑字中取樣此三十六字原碑（圖 5-24），在二者比對之下發現在他的臨碑書跡中，此件斗方充分寫出原碑的原味，亦步亦趨的忠實呈現華山碑秀偉結體與波磔，在其他的臨碑書跡中很少見到如此。亦有別於民國五十一、五十二年的兩件〈天然山水對聯〉（如圖 5-25，辭句同於《漢碑集聯大觀》），因華山碑長垣本中缺「印」與「鎮」兩字，因此，此二字取馬氏玲瓏館本〔註34〕。圖 5-26 較之丁念先作品，兩聯比碑字長方，線條精實超過原碑，筆畫靈動則與原碑並駕齊驅，由此可見丁念先已破除字不能大的單一的創作觀。綜觀華山碑字，結體方正，反之孔廟三碑則扁。華山碑在左分勢上特別突出，且形式優美，筆力不因勢逆而稍減，是其有別於孔廟三碑的另一處特色。丁念先致力華山碑很深，能於隸書名家中異筆獨起，亦在於其左右分勢達優美之境。因此張隆延對他的華山碑書跡尤為讚美說：「嘗為人臨華山碑，泉通八分，直探中郎奧秘，顧盼風流，不可一也。」〔註35〕確見其隸書波磔起伏之「顧盼風流，不可一也」之姿。

〔註32〕 文星、十之、第四卷第三期，民國四十八年七月一日。
〔註33〕 見丁念先《六十年來的甲骨文金文與碑學》第二一七頁。
〔註34〕 《宋拓西嶽華山廟碑馬氏玲瓏館藏》均風出版社。
〔註35〕 十之《十人書展第二回》18頁《文星》，第六卷第六期，總36.49.10.1。

圖 5-20

摘自《重編上虞丁念先先生書畫遺墨》，第廿三、廿四頁，民
國四十八年（1959），十之吾兄方家以舊箋命書爲臨西嶽華山
廟碑長垣本乞正，己亥初夏上虞丁念先起。

圖 5-21　漢西嶽華山廟碑長垣本

（二玄社刊，《書跡名品叢刊》，渡邊降男發行，初版。1961 年 11 月 15 日，
二版 1986 年 5 月 30 日，東京），摘自第 23 頁最後四個字，第 24 頁、第 25
頁、第 26 頁及第 27 頁前五字

圖 5-22

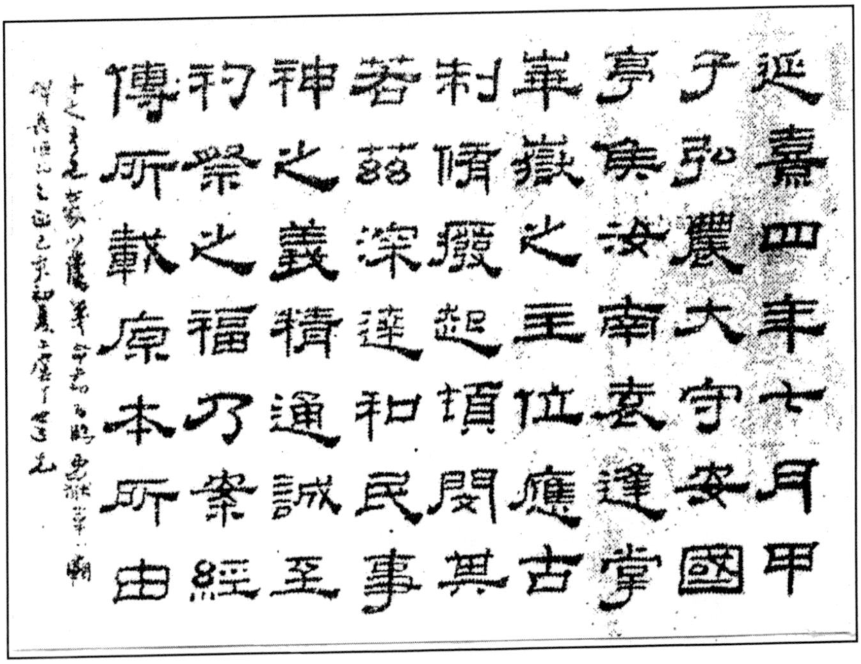

圖 5-23

丁念先臨西嶽華山廟碑長垣本卅六字，字贈文雷先生民國四十六年（涂璨琳藏）

圖 5-24

漢西嶽華山廟碑長垣本（二玄社刊，《書跡名品叢刊》，渡邊隆男發行，1961年11月15日發行，1986年5月30日改訂二刷發行第廿八頁及第廿九頁

圖 5-25

涂璨琳收藏，民國五十二年　　　　　涂璨瑝收藏，民國五十一年（1962）
（1963）縱 130cm 橫 20.5*2cm　　　縱 64cm 橫 12cm
上聯款：錦標先生大雅之屬　　　　　上聯款：集漢西嶽華山廟碑長垣本碑
下聯款：癸卯新秋上虞丁念先　　　　於兩漢石墨精舍
　　　　　　　　　　　　　　　　　下聯款：壬寅春上虞丁念先
　　　　　　　　　　　　　　　　　印：念先丁守棠

圖 5-26

（左起）第一與第三行：鎮，印二字取樣華山碑馬氏岭館藏本，餘皆取樣
長垣本，第二與第四行取樣《漢碑集聯大觀》第二集 27、28 頁。

七、其　他

在丁念先的臨碑書跡中，臨寫比較少的碑拓，還有「鄭固碑」2 件、「子游殘碑」1 件、「朝侯小子殘碑」1 件，「魯峻碑」1 件，「武梁祠題字」1 件等。所書〈子游殘碑〉（書法圖錄 5406）〔註36〕，無年款，筆意平正勻整，不重波磔，簡而有韻，是丁念先隸書中相當與眾不同的書跡。在「漢碑集聯四屏」中有一件書於民國五十一年（1962 年）之七言八聯〈武梁祠題字〉（書法圖錄5704）〔註37〕，書風與〈子游殘碑〉相近，亦屬簡而有韻的疏朗之筆，相當特出。雖不是丁念先的主要代表風格，但書韻古意，亦不遜於其他作品。其云：

以上所舉幾種漢碑，是學分隸者必要的過程。如果寫過孔廟三碑，則熹平石經、華山、武榮、張壽、韓仁、封龍山、鄭固、子游殘碑、朝侯小子碑等，用筆都相近，無須再下苦功，便可隨意臨習，如果寫過石門頌，則臨草隸如楊淮表記、沈府君神道等，就不費事。如寫會了夏承，不但可通魯峻、衡方豐腴雄偉之筆，擴大爲榜書，且可把飛動之筆，融貫於嚴整之禮器、史晨一派，增加其厚重與流利。曹全與孔宙、孔彪，本是一家眷屬，張遷與西狹、郙閣，乃是同氣弟兄，傳世漢隸面目雖多，無須每種都學，只要多看熟記，便可觸類旁通〔註38〕。

綜合丁念先所臨習的漢碑隸書，孔廟三碑可說是丁念先學隸的初基，從他在三種碑文的臨寫書跡中，已將此三碑之特性融會，以羊豪中鋒、緩慢戰筆，寓疏秀於具金石味的拙趣之中，這種線條美感的表達方法，一反自清中葉以來，崇碑名家講求雄偉精密的表現，讓人更覺亮眼。以丁念先臨三碑的三件作品爲例（圖 5-27），這種平正作品中相同的碑字，雖不同碑，丁念先書出則一也。若將三碑原文取樣出來，史晨碑精瘦勻稱平正（圖 5-28），禮器碑（圖 5-29）於疏秀中每遇有波筆橫畫稍縱，隱約可見刀味，是三碑金石氣最重者；乙瑛碑（圖 5-30），是三碑中最綿密，筆最粗者。三種碑文其面貌各具其美，怪乎王澍於《虛舟題跋補原》中說：「學隸者，須始〈史晨〉以正其趨，中之〈乙瑛〉以究其大，極之〈韓勑〉以盡其變。」〔註39〕

〔註36〕採自《上虞丁念先書畫遺墨》，6 頁。
〔註37〕採自《上虞丁念先書畫遺墨》，16 頁。
〔註38〕丁念先〈兩漢石刻文字與石刻畫〉（下）《大陸雜誌》，第三十卷第六期。
〔註39〕丁念先〈兩漢石刻文字與石刻畫〉（下）《大陸雜誌》，第三十卷第六期。

圖 5-27

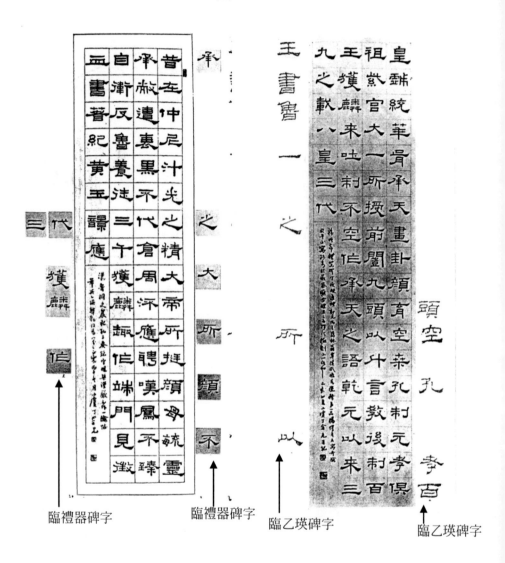

臨禮器碑字　　　　臨禮器碑字　　　臨乙瑛碑字　　　臨乙瑛碑字

摘自自立晚報自立藝苑（56.6.26 日）　　摘自書畫遺墨，第十頁之一，丁
丁念先臨史晨碑　　　　　　　　　　念先臨禮器碑

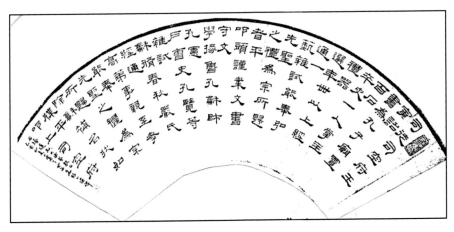

摘自遺墨集，第卅六頁，丁念先臨，乙瑛碑

　　丁念先晚年認爲學隸應以禮器爲基礎，並建議學隸除了孔廟三碑後，寫會了夏承碑，不但可以通過魯峻、衡方的豐腴雄偉之筆，擴大爲榜書，且可把飛動之筆，融貫於嚴整之禮器、史晨一派，增加厚重與流利。據《上海繪畫全集》所載（第 930 頁），上海時期，丁念先下工夫僅及於史晨、乙瑛此孔廟二碑，加上華山碑，反而在來台後挾平正基礎，優遊於禮器碑陰、碑側之變化險絕中，尤其在豐腴雄偉之處，只見行距，字隨其形或扁、或長、或錯落、連綿而下，有若一條路上行人，扶老攜幼；時若山巒，高低起伏，與正文及史晨之若步伍整之師，矩度森然大異其趣。古樸的線條，展現時輕、時重、時緩、時急的不同變化。墨量呈現也有枯瘦、有豐漲，然豐而不滯、瘦而不窘。橫筆俯仰有致，豎筆顧盼含情，由左出分勢，是極少書家所能爲。

　　其實當走完孔廟三碑，丁念先獨特的書風業已形成。這不正合乎孫過庭於《書譜》中所言：「動之不已，抑有三時，時然一變，極其分矣。至如初學分布但求平正，既知平正，務追險絕，既能險絕，復歸平正。〔註40〕」

〔註40〕孫過庭《書譜》日本二玄社，1959 初版發行，1980 年 5 月 20 改版，第 72 頁。

圖 5-28　集史晨碑字　　　　　圖 5-29　集禮器碑字

圖 5-30：集乙瑛碑字

第二節　臨習清人書跡

　　在丁念先的書跡中，其中有兩件是以前輩書家爲範本，而心摹手追的作品，僅見臨習鄧石如的書跡。另一件則係爲朱玖瑩夫人所書〈臨桂馥百戶姜君墓表〉。

1、鄧石如

　　鄧石如（1743～1805）原名琰，以字行，號頑伯，完白山人。鄧石如於眞、草、隸、篆四體，都能自立門戶，另闢奇境，各體均許爲清朝第一〔註41〕，是清代乾嘉時的大書家，其成就偉大，在書學史上是屈指可數的〔註42〕。包世臣曾稱評價他的隸書說：

> 其分書則遒麗淳質，變化不可方物，結體極嚴整，而渾融無跡，蓋約嶧山、國山之法而爲之。故山人自謂吾篆未及陽冰，而分不減梁鵠，余深信其能擇言也。〔註43〕

〔註41〕　包世臣〈完白山人傳〉中曹文敏云：「其（鄧石如）四體書，皆爲國朝第一。」
　　　　　同註43，53頁。
〔註42〕　王冬齡〈碑學巨擘鄧石如〉《書譜》雙月刊，鄧石如專輯第七卷第二期（總39
　　　　　期）29頁。
〔註43〕　包世臣〈完白山人傳〉，收在《藝舟雙楫》中，見《廣藝舟雙楫》附錄53頁，
　　　　　民國四十五年四月，台灣商務印書館印行。

趙之謙也說：

> 國朝人書以山人爲第一，山人書以隸爲第一。山人篆書筆筆從
> 隸出，其自謂不及少溫當在此，然此正自越過少溫。〔註44〕

對兼擅篆隸者來說，隸書的難度似乎更大些。要在儀態萬方的漢隸中，寫出自己的風格，實非易事。鄧石如隸書，貌豐骨勁，鋒鋩四殺，有一股攝人心魄的力量，他的隸書深得曹全的遒麗，出以衡方之淳厚，石門頌的縱肆，夏承的奇瑰，無不兼而有之。他將隸書結體寫的緊密，有北魏書風的特色，用篆籀之筆，略帶行草筆意，故神采飛動。波挑也很有個性，隼尾處不是一位向上挑筆，而是橫挑扁平捺筆往往向右下出鋒，有筆斷意屬之勢。基本上以中鋒行筆，遺貌取神，大器磅礴，令人嘆爲觀止〔註45〕。

丁念先對鄧石如書學的欽慕及接觸，從所書「書宋敖陶孫詩評隸書四屏」（圖 5-32）上的跋語說：

> 曩於吾家鶴盧老人齋頭，見完白山人此分書屏，蒼勁雄偉，動
> 人心魄。鶴盧又曾以之鋟木。

說昔日曾在丁輔之書齋中，見到鄧石如所書敖陶孫詩評的隸書屏，由衷讚美他說「蒼勁雄偉，動人心魄」，丁輔之還將此完白山人隸書屏以木刻拓，可以想見其對此之喜愛。其款續云：

> 儀徵吳讓之爲山人再傳弟子，亦曾爲陳仲陶臨此，現藏余念聖
> 樓中，然婢學夫人，不免效顰之譏，去懷寧（完白）遠矣。

依此可知，其所持有的是吳讓之的臨本以及鄧書的木刻墨拓本。丁鶴盧宅藏的鄧石如分書屏眞跡今日雖已不能得見，但經蒐羅到印入《鄧石如法書選集》以及日本《書道藝術》中的一件「鄧石如書敖陶孫詩評隸書十屏〔註46〕」（圖 5-31），鄧石如此作，確有丁念先所稱「蒼勁雄偉，動人心魄」的特色，兼以墨氣沉厚，呈現著清代末期時書家所追求的精密雄偉的書姿。經進行比對鄧石如十屏與丁念先的四屏隸書之間的關聯與差異，丁念先所書四屏（圖 5-32），儘管文字內容同出宋敖陶孫，《詩評》一卷〔註47〕，與鄧石如所書相較，鄧書

〔註44〕趙之謙跋鄧石如所作〈司馬溫公家儀殘冊〉，見《鄧石如法書選集》24 頁，文物出版社，1964 年出版。

〔註45〕王冬齡〈碑學巨擘鄧石如〉《書譜》雙月刊，鄧石如專輯，第七卷第二期（總39 期），30 頁

〔註46〕《書道藝術》第十卷〈鄧石如、何紹基、趙之謙〉昭和四十七年，中央公論社出版，89～93 頁。

〔註47〕宋敖陶孫《詩評》一卷於《叢書集成新編》第七十九冊，第二十八，台北新

第二十三行的「潢」字沒有按照敖陶孫原文次序書寫，原文應在〝天〞與〝倒〞之間。而丁念先此四屏，文句次序亦不同於原文，連最後結語原文「語覺爽雋，而評似穩妥……」，丁念先書爲「斯言最足玩味，爽雋工穩……」，彼此之間均存差異，同時，在隸書的結體上，丁書與鄧書的間架與線條美感所追求的卻全然不同，丁念先所追求的是一種平正疏秀的金石氣，因此和鄧石如書風自然是有相當大的分野。

圖 5-31

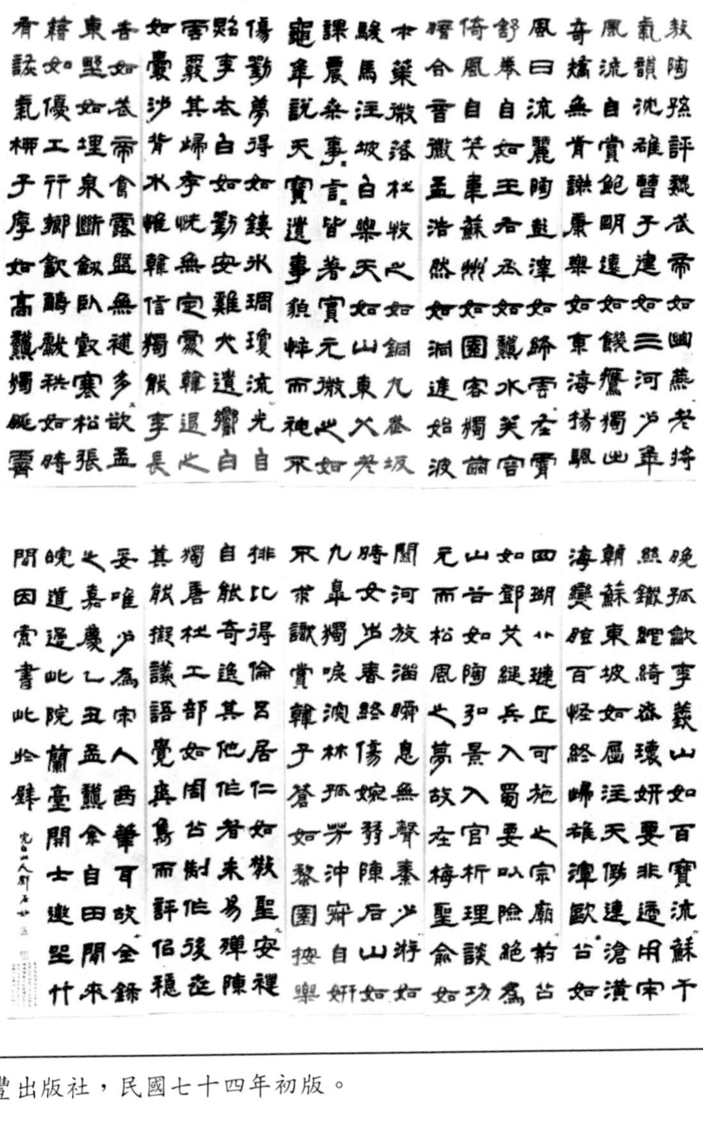

文豐出版社，民國七十四年初版。

圖 5-32

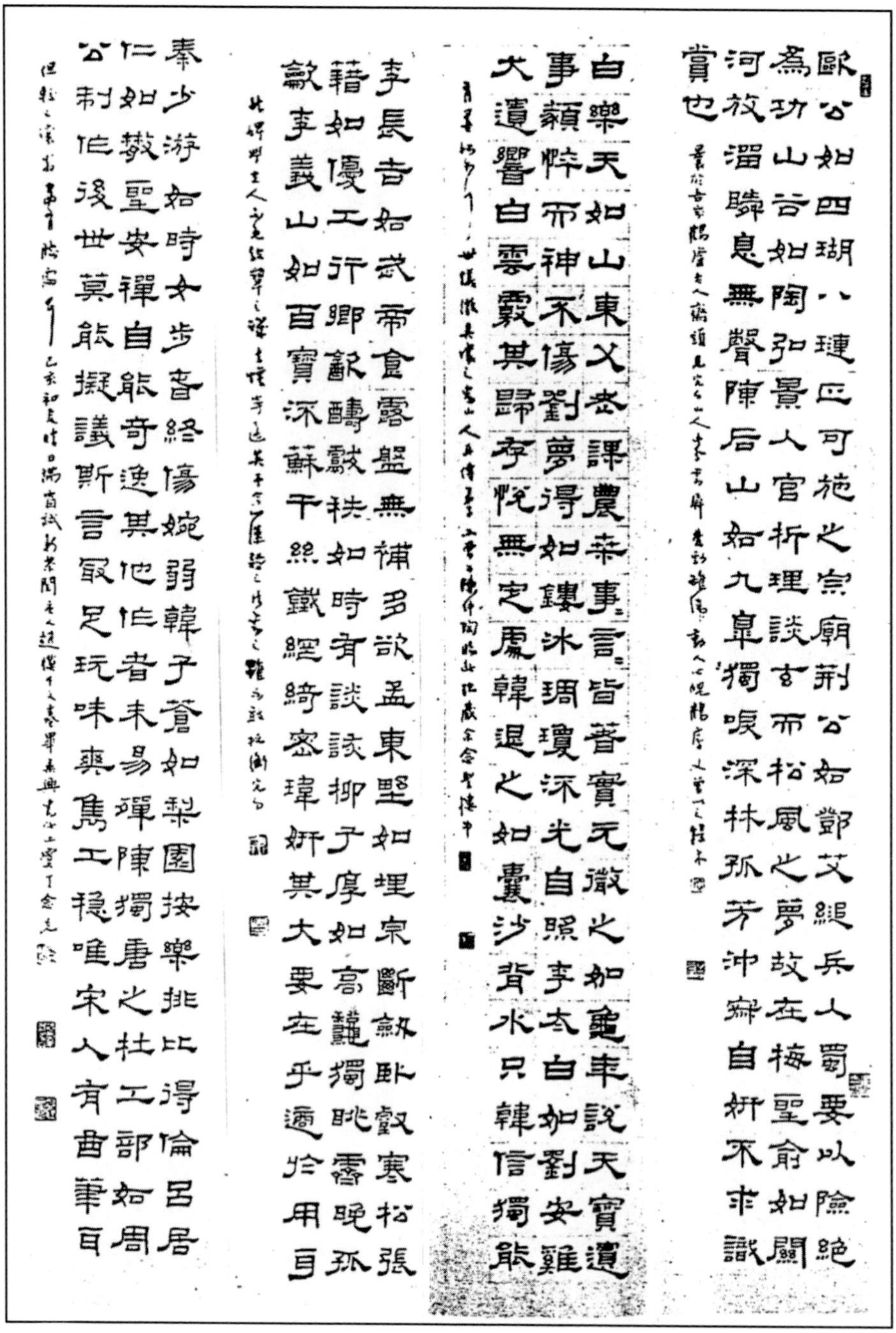

但在丁念先心中，鄧石如是有其地位的，他在「隸書四屏」中的另一段跋語中說：

予今以漢隸之法書之，雖不敢抗衡完白，但較之讓翁當有勝處
耳。己亥（1959）初夏晴日滿窗，試新茶、閱唐人趙模千文卷畢，
乘興書此，上虞丁念先。

丁念先說是以「漢隸之法書之」，已明白點出了以自己的書風書寫的主旨。前
引款文中，他說吳讓之所作是「然婢學夫人，不免效顰之譏，去懷寧（完白）
遠矣。」，所云「婢學夫人」典出於袁昂《古今書評》中評羊欣之書。丁念先
認爲自己雖不敢與鄧石如抗衡，但卻自認已超過吳讓之的成就。清人邵梅臣
曾謂「學成不過爲人作奴婢」，學人之所成在於別人（完白），缺乏自我己意
則終究未能成家。丁念先即使是仿人之書仍然有自我表現之意念。

若說丁念先有臨習鄧石如的風格，他在一件對聯（圖 5-33）上，款署：

完白山人有此聯，款署嘉慶九年秋中節，是年山人六十二歲，
以明年十月卒，蓋晚年精心之作也，雄渾道麗，允推鄧書之絕品，
舊藏康南湖小萬柳堂，上海中華書局曾假景印行世，今原本已不可
蹤跡矣。辛丑長夏書此，略參山人筆法，以明所本。次歲壬寅白露
日，檢出并記歲月於兩漢石墨精舍，上虞丁念先。

此款所記書於民國五十一年（1962 年）辛丑長夏，復於次年歲次壬寅白露
（即陰曆八月十二日）補款，晚於前書四屏三年，先生此作隸書的用筆粗健，
與先生素日所作風格略見差異，經見款署中言及係「略參山人筆法，以明所
本。」經尋得《鄧石如法書選集》與日本《書道藝術》中所收一件鄧石如〈滄
海對聯〉（圖 5-34）〔註 48〕，款署「嘉慶九年秋中節」，是晚年在逝世前一
年所書，對聯所書文字及年款，與丁念先所記相符，應即是其所指之鄧石如
作品。鄧石如此作，方正中見奇逸，結筆扎實。丁念先書此聯時謂原本（即
原作眞跡）已不可蹤跡，可見此聯書寫時，是依景印圖版所臨，以鄧書的渾
厚用筆作爲目標，略參其形、摹其意，再加上自我己意，所寫出來的一件奇
特的書跡。

〔註48〕《書道藝術》第十卷〈鄧石如、何紹基、趙之謙〉昭和四十七年，中央公論
社出版 78 頁。

圖 5-33　　　　　　　　　　　圖 5-34

筆者還集得另一件鄧石如「滄海日對聯」（圖 5-35），文句相同，排列方式亦相同，祇是用楷書寫就，年代較早，款署「嘉慶改元春正月」，可知鄧石如對於這口氣甚大的聯句十分欣賞，而且一寫再寫。

圖 5-35

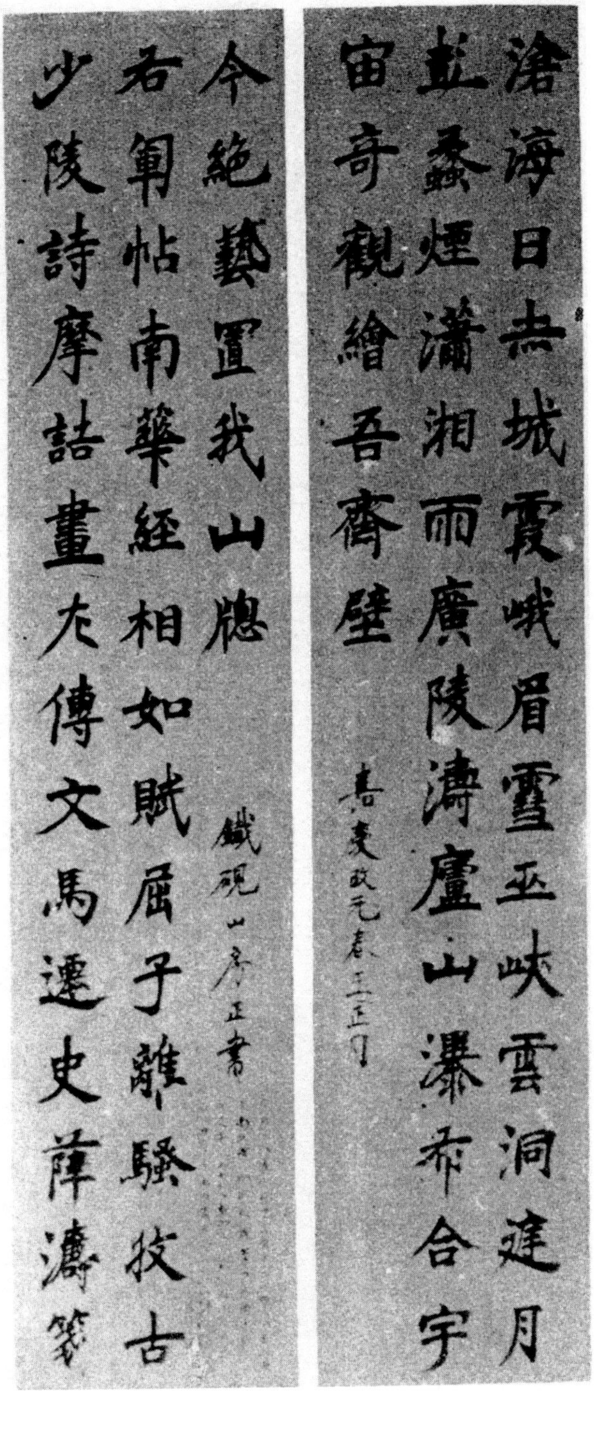

滄海日赤城霞峨眉雪巫峽雲洞庭月
蠶煙瀟湘而廣陵濤廬山瀑希合宇
宙奇觀繪吾齋壁
嘉慶改元春三正月

今絕藝置我山憁
右軍帖南華經相如賦屈子離騷校古
少陵詩摩詰畫太傳文馬遷史薛濤箋

鐵硯山房正書

鄧石如滄海日對聯之一、之二

2、桂　馥

丁念先書〈臨桂馥百戶姜君墓表〉隸書長卷（圖 5-36）總長約 540 公分，屬一巨幅創作，是〈書贈吳平先生臨史晨碑長卷〉之後另一長卷作品。丁念先一生創作書跡中，此兩長卷可說是非常重要的作品。其後有草書款識：

> 冬卉先生以精小學、擅分隸，享名乾、嘉間，然其分書工力不逮黃秋盦（黃易），亦遜於翁覃谿，豈天分限之耶。春間玖瑩道長過余兩漢石墨精舍，出示冬卉書姜斗南墓表拓本，欲為尊嫂夫人臨池之助，予病其板刻，允為別書一通。塵俗因循擱置案頭將三閱月，今晨丑寅之交，雷雨傾盆，屋漏處處，搬移書卷，撤宵不寐，幸逢例假，得從容整理，檢及此出，遂憶宿諾待償。午睡初足，見雨後新綠，對日弄景，徐風拂檻尤快人意，因漫理烏絲乘興書此，取其拓本並几對觀，自覺略有勝處，即謷大法家賢伉儷印可，時癸卯四月十九日上虞弟丁念先識於鐙下，環兒侍書。

從款識中所言，丁念先與朱玖瑩是書友，朱玖瑩訪丁念先時出示一件清代書家桂馥的書跡拓本，說要給朱夫人臨書之用。丁念先覺得書跡再經劣匠刻板，已失原貌，就答應為他再寫一通，因為工程浩大，擱置近三個月，直至因雨整理書房才又撿出，在午睡初足心情大好的情況下，乘興振筆直書，書成即為此卷。

桂馥（1937～1805），字未谷，一字冬卉，曲阜人，乾隆五十年進士，知永平縣，卒於官。以分隸篆刻名，精於考證碑版，博涉叢書，尤潛心於小學，精通聲義。嘗謂士不通經，不足致用。隸字方整，體近朱彝尊，但朱無其平實雄厚，有漢碑氣息，論者以為出於華山、婁壽碑〔註49〕。梁章鉅評：「伊秉綬的字越大越好，而桂馥的字則是越小越精。」〔註50〕

丁念先再書一通的原因有兩樁，一因他精於碑版之學，見到劣版，自是不屑。再則對桂馥的隸書亦評價不佳，認為他遜於黃易，不及翁方綱，因此小試身手，留下了這件作品。今日〈桂馥書姜斗南墓表拓本〉，雖不能與丁書並觀，茲檢出桂馥隸書墨跡（圖 5-37）一件，兩者相比，丁書通篇典雅工整，在秀逸中蘊含樸拙，運筆勁健沉雄，全以丁書一貫之法書之，筆者認為是高下立判，遠勝桂馥。而越小越精，則是兩人共通的優點。因此，此書雖說是

〔註49〕張清治《金石派書法之研究》。
〔註50〕徐律哲、徐蓉蓉《清代書法藝術鑑賞》清蔚文化出版，2001 年。

臨桂馥書跡，卻是有「取而代之而勝之」的力作。

圖 5-36　丁念先臨桂馥百戶姜君墓表

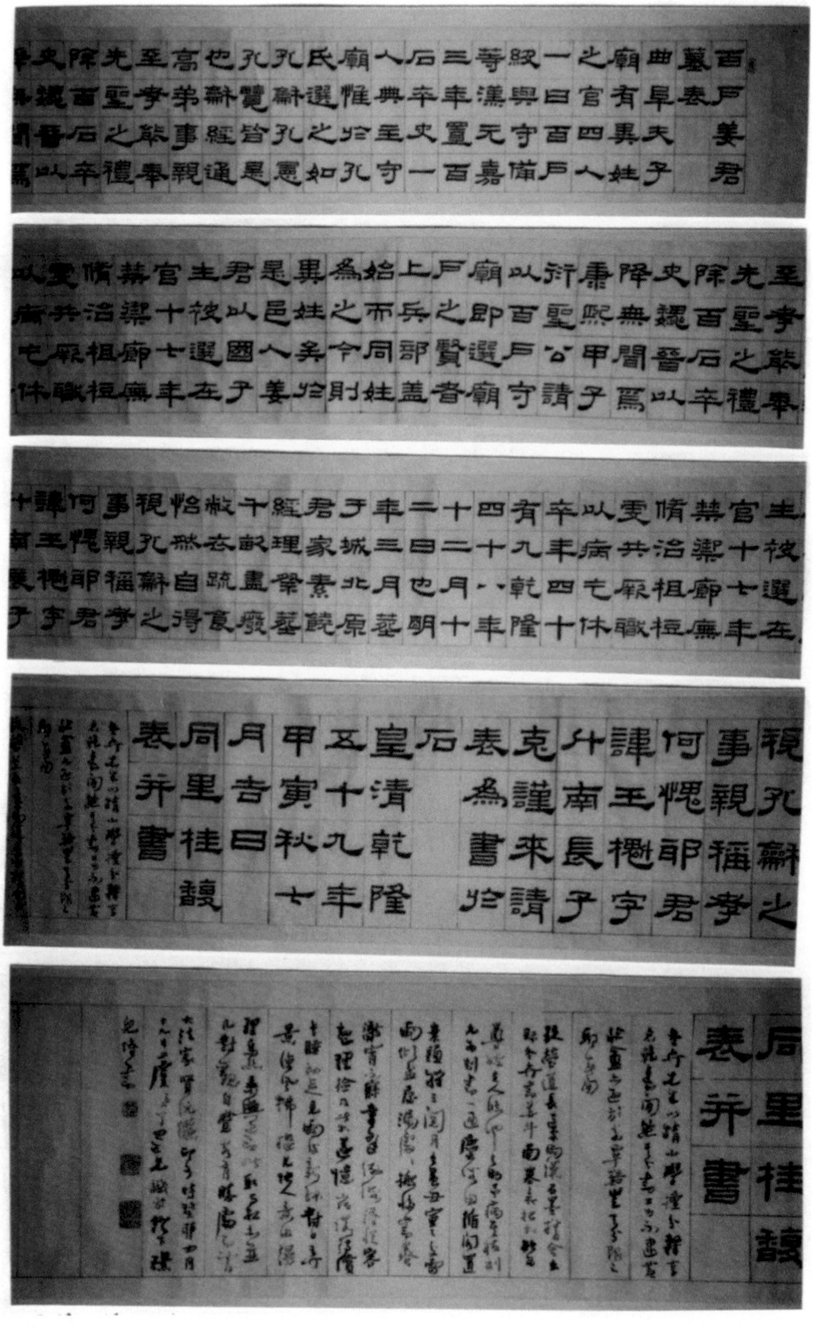

圖 5-37　桂馥隸書條幅

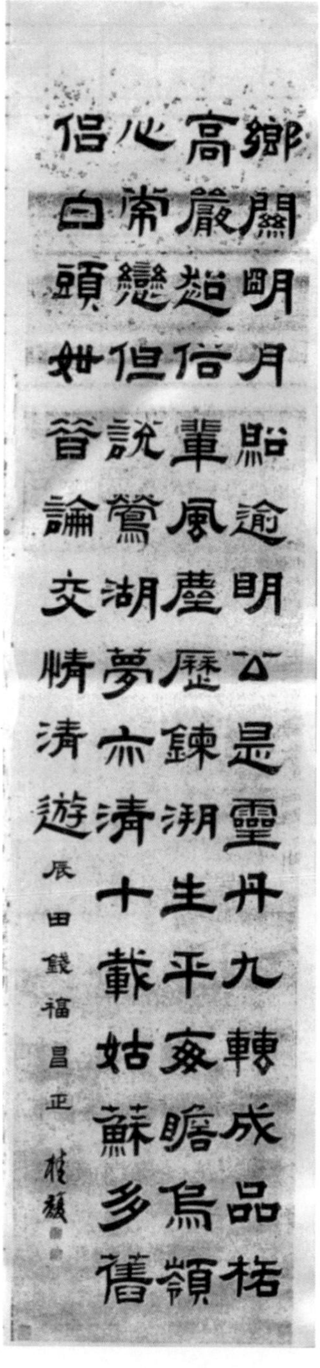

（摘自徐律哲，徐蓉蓉著《清代書法藝術鑑賞》）

丁書長款係以行草書之，其墨跡濃淡間差，墨韻渾成，是所見丁書中款識第一的佳作，以最從容自然的放逸之姿，將碑書的濃重用筆，不拘形式的蜿蜒游走，書姿有縱橫之氣。款識中說明了丁念先對有志碑學者（朱玖瑩夫人）的關心與不遺餘力的付出，當然也涵蓋了和朱玖瑩間的友情。此長款將於第五章中行草節下再行討論。

第三節　書寫的用具與技法

本節以書法用具的選擇與使用的角度，探討丁念先書寫隸書時的工具，以及技法。三十年前，由於好奇心的驅使，每遇丁念先的老友、書友，就很想知道這些優美的書法，他是怎麼做到的，到底他是用什麼紙、筆，書寫出來的。

一、用　筆

書法藝術風格之呈現，端視所用之毛筆與書家之心念意和所致。毛筆具有尖、齊、圓、健四德，筆毛成圓錐形，頭尖有鋒能開合，能收放，腹圓能藏墨，其藏墨多寡視筆之大小、軟硬相關。

關於丁念先先生的用筆習慣，是與一般書家有明顯不同之處，也是丁念先書寫的最大特徵。張隆延先生曾說他使用羊豪，且柔翰而奇正：

> 嘗為人臨華山碑，泉通八分，直探中郎奧秘，顧盼風流，不可一世。兼作大篆、行草，亦見古趣；妙在得筆能蒼能遒，復使羊豪，柔翰而奇正，都使人心折骨驚，目明神醉。〔註51〕

除了張隆延先生以外，據傳狷夫老師在台時，曾對筆者言道，丁念先曾寫了一張扇面送他，並說丁念先喜用舊的長鋒羊毫，且令舊墨留存筆根、筆腹。另據民國七十五年間，曾紹杰老師及舒明量先生所承告，丁念先喜用舊羊毫，故意不洗淨而存墨半截，使軟毫兼有硬毫的勁力，用以書寫隸書時，羊毫腰間有勁，較易寫出力透紙背的力道。丁念先的用筆習慣，是喜歡用長鋒羊毫，以戰筆慢行力運。筆者承其哲嗣丁瑜先生提供丁念先生前所用之大小毛筆十餘支（圖5-38），均為大小不等之長鋒羊毫。

〔註51〕十之〈十人書展第二回〉，刊《文星》第六卷第六期總36期，頁18，民國49年10月1日刊行。

圖 5-38　丁念先生前所用毛筆

丁瑜先生提供

二、選　紙

　　孫過庭在《書譜》中提到書法創作要領中的「五合」、「紙墨相發四合也」，接著在「五合」、「五乖」後，特別又說「得時不如得器」，可見紙張在書法創作中是相當重要的〔註52〕。項穆於《書法雅言》中認爲：

　　　　筆、墨、紙、硯，四者不可廢一，紙筆尤乃居先。……夫工欲
　　善其事，必先利其器。〔註53〕

紙張在書寫時，能烘托下筆的墨韻，故稱「紙墨相發」，好書的古人亦深知紙筆相稱及選擇好紙的重要，趙孟頫在《書道通會》中說：

　　　　書貴紙筆調和。若紙筆不稱，雖能書亦不能善也。譬之快馬行
　　泥淖中，其能善乎？〔註54〕

趙孟頫此說不但強調紙張的重要，以快馬喻筆，以泥淖喻劣紙，也形容得十

〔註52〕孫過庭《書譜》，日本二玄社出版，1959 年 70，頁 131 條。
〔註53〕季伏昆《中國書論輯要》，南京藝術學院，1987 年，第 522 頁。
〔註54〕趙孟頫〈筆道通會〉，見《松雪齋文集》，景上海涵芬樓藏元刊本，爲《四部
　　　　叢刊》集部所收，上海商務印書館，民國十八年重印本。

分入理。紙張的種類雖多，好紙的紙性不能太鬆軟，若以其適水性而分，則分生、熟、半生熟三種，這三種紙在丁念先墨跡中雖都有選用，然以丁念先的用筆習慣，是喜歡用長鋒羊毫，以戰筆慢行力運，精采的作品常以熟紙爲多，或是吃過漿糊的半生熟紙張（卷軸題簽、灑金紙）。若遇生紙，丁念先常就紙性讓水墨乾濕隨筆的律動呈現。書跡欲其茂密雄偉，大異其對漢碑刀刻的剛勁、蒼古、淳厚的的追求方向。在筆者的個人收藏中有一件〈臨華山廟碑隸書斗方〉（圖 5-39），款署贈予文雷先生，係丁酉（1957）民國四十六年作，所書水墨沁潤，如「巖」字山字橫筆以飛白掠過，筆觸舞動，確有就紙性而隨筆呈現水墨乾濕的自然律動感，實爲非常生動的作品。而游世勳先生所收藏的一件〈臨華山廟碑隸書扇面〉（圖 5-40），亦是同在丁酉年款署贈予文雷先生，此扇面爲灑金宣紙所製，係熟紙，所臨華山廟碑文句與斗方隸書相同，每行以三字二字間差排列，羅列有致，頗見古雅。

圖 5-39　臨華山廟碑隸書斗方

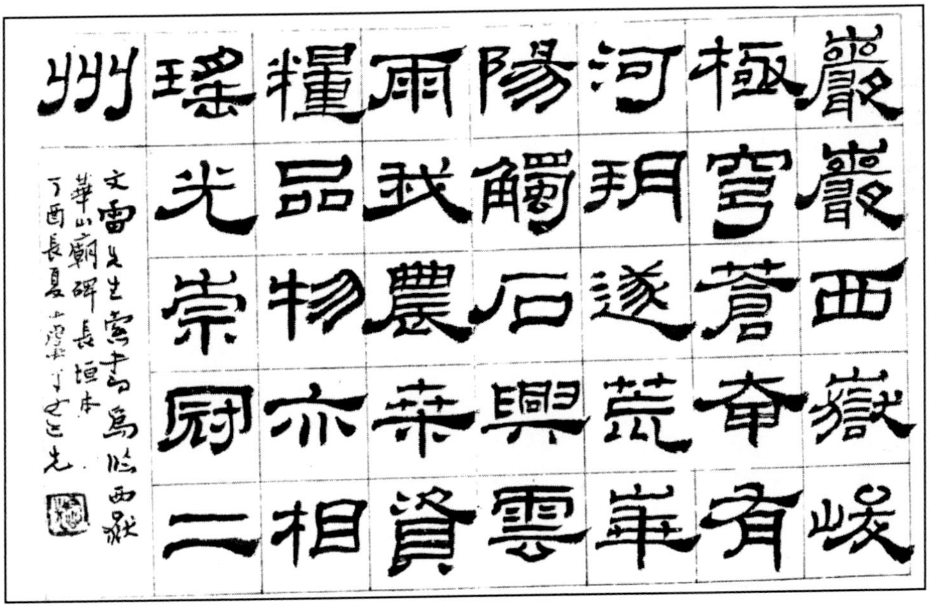

圖 5-40　臨華山廟碑隸書扇面

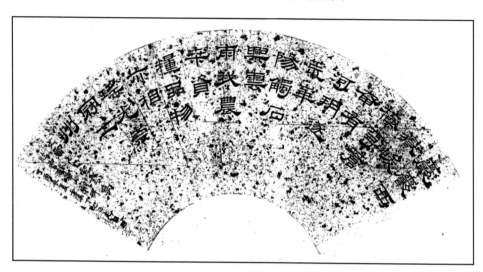

　　此兩件作品，文句相同，亦屬同年所作，所不同者惟紙張一生一熟耳，因此可以見到扇面隸書用筆，因熟紙而墨韻平均，展現一種溫雅的文人氣，同時自然少見生紙上的飛白筆韻。書家對紙的掌控不同，生紙易生暈染，水墨乾濕的控制須經一再訓練體會的，大抵是熟紙較生紙易於駕馭。因此這兩件作品，筆者個人比較偏愛扇面隸書的創作手法。

　　國民政府遷台後，致力於經濟的發展，民國五十年（1961 年）左右，台灣本土生產書畫和包裝工紙種類繁多，因應外銷和裱畫的需求工廠林立，書畫家可在這些不同紙類中選取所需。藝術與生活環境息息相關，孫過庭於《書譜》中「五合神怡務閑，感惠徇知，時合氣潤，紙墨相發，偶然欲書」的創作理論，大多與自然環境相契合。丁念先在台灣的書法創作有時也嘗試棉紙的應用。棉紙因有較長與韌性的纖維，遇較多水墨時不會因拉扯而破損，含水性與宣紙相當，廣受書畫家所喜用，因此在台灣書畫家除了宣紙外多了一些選擇。

　　從黃銀敦先生所提供的兩件丁念先書贈陳定山作品〈倪瓚和虞學士賦〉（圖 5-41）與〈書倪瓚題張洞奇石句隸書〉（圖 5-42）得見丁念先取用棉紙的例證。這兩件作品值得再提的是，倪詩本是丁念先以寄草勢縱橫馳騁之志，或託以舒懷所據。而這兩件作品，也是至今惟獨可見他以其隸法寫倪詩的書跡，作品未見畫格線，雖結字有長有扁，然卻覺平整，用筆也較臨碑時恣意，

或有人以爲是丁念先草草以應，殊不知陳定山非但是「十人書展」中老大哥，且爲丁念先上海時舊識名家，若非這種如黃庭堅所言「胸中有書數千卷，不隨世碌碌，則書不病而韻似勝」〔註55〕的作品，怎能見得之於名儒。

圖 5-41　倪瓚和虞學士賦（隸書）

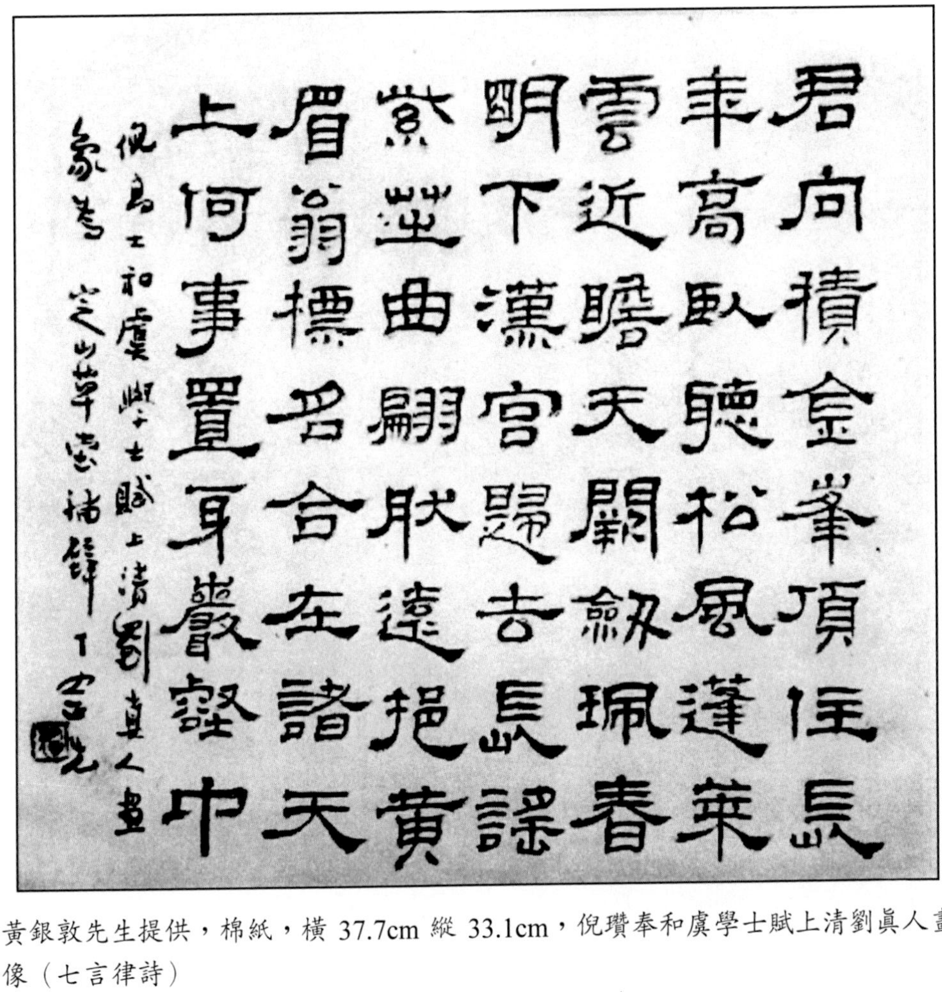

黃銀敦先生提供，棉紙，橫 37.7cm 縱 33.1cm，倪瓚奉和虞學士賦上清劉眞人畫像（七言律詩）

　款：倪高士和虞學士賦，上清劉眞人畫象，爲定山草堂補壁，丁念先。

　印：念先，丁念先舊藏《四部叢刊初編集部》《倪雲林先生詩集》，上海商務印書館縮印，秀水沈氏藏，明天順本，卷四，第四十一頁。

〔註55〕《山谷文集》三十卷，收在《山谷集》，文淵閣《四庫全書》，景印重刊本。

圖 5-42 「倪瓚題張洞奇石句」

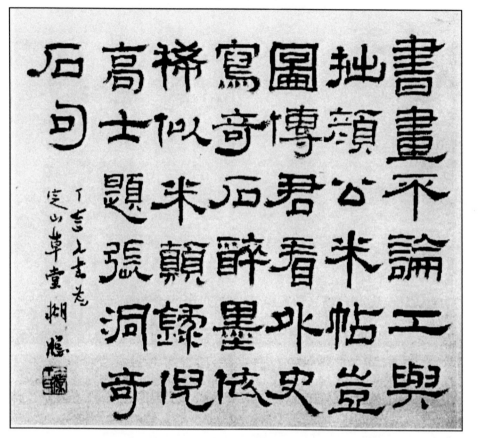

經莊永固先生商請黃銀敦先生提供。棉紙，橫 37.7cm 縱 33.1cm
倪瓚七言詩：張外史素不善畫，醉墨戲寫張洞奇石，頗一種逸韻德明，裝
潢成卷，走筆爲賦。題張洞奇石句。

款：丁念先書爲定山草堂糊窗
印：上虞丁氏 1.5cm
　　丁念先舊藏《四部叢刊初輯集部》《倪雲林先生詩集》，上海商務印書縮印，
　　秀水沈氏藏，明天順本，卷六第六十二，六十三頁。

　　在九十三年三月二十一日，親訪丁家姐弟三人，得見許多丁念先書畫遺
物。在這些寶貴資料中，有一冊未落款的〈黃孝子傳〉隸書原稿，丁念先以
當年油印用紙，打好二千七百八十四個格子，用二十九張紙完成此稿。這種
紙張價廉，是當年志於翰墨者經常練習所取用，其紙性介乎礬紙與棉紙之間，

墨多筆遲不淹，墨少筆快也不至枯槁，很適合丁念先平正書風的表現。如（圖5-43、5-44）〈黃孝子傳〉之一與第二十九頁，首尾計約二仟七佰字，由始至終篇，每一筆的運行節奏，其形、其勢一貫，可見其隸法所下工夫之深，這種表現誠古之名碑亦罕見。此作實應為碑稿本外，是學隸者的墨跡典範。前訪談吳平先生時說甚是欽佩丁念先此種小字隸書（字之大小和「焚扇記隸書扇面」相當），得見此作，應有同感。倪瓚題張洞奇石土言絕句「書畫不論工與拙，顏公米帖豈圖傳，君看外史寫奇石，醉墨依稀似米顛。」此「黃孝子傳」隸書稿，雖屬無意圖傳之作，卻應是可傳後世之名帖。

　　這樣能在創作前，端視所用紙張的品類，相稱於何樣書法之使用，然後下筆，自然在紙的幅圍之內，任其縱橫，或意態雄偉，或瀟灑飄逸。正如來楚生於《執筆論》中所說：「什麼筆，什麼紙，寫什麼字」之善書者〔註56〕。

〔註56〕轉引自季伏昆《中國書論輯要》，第536頁，江蘇美術出版社，1987年刊行。

圖 5-43　「黃孝子傳隸稿」之一

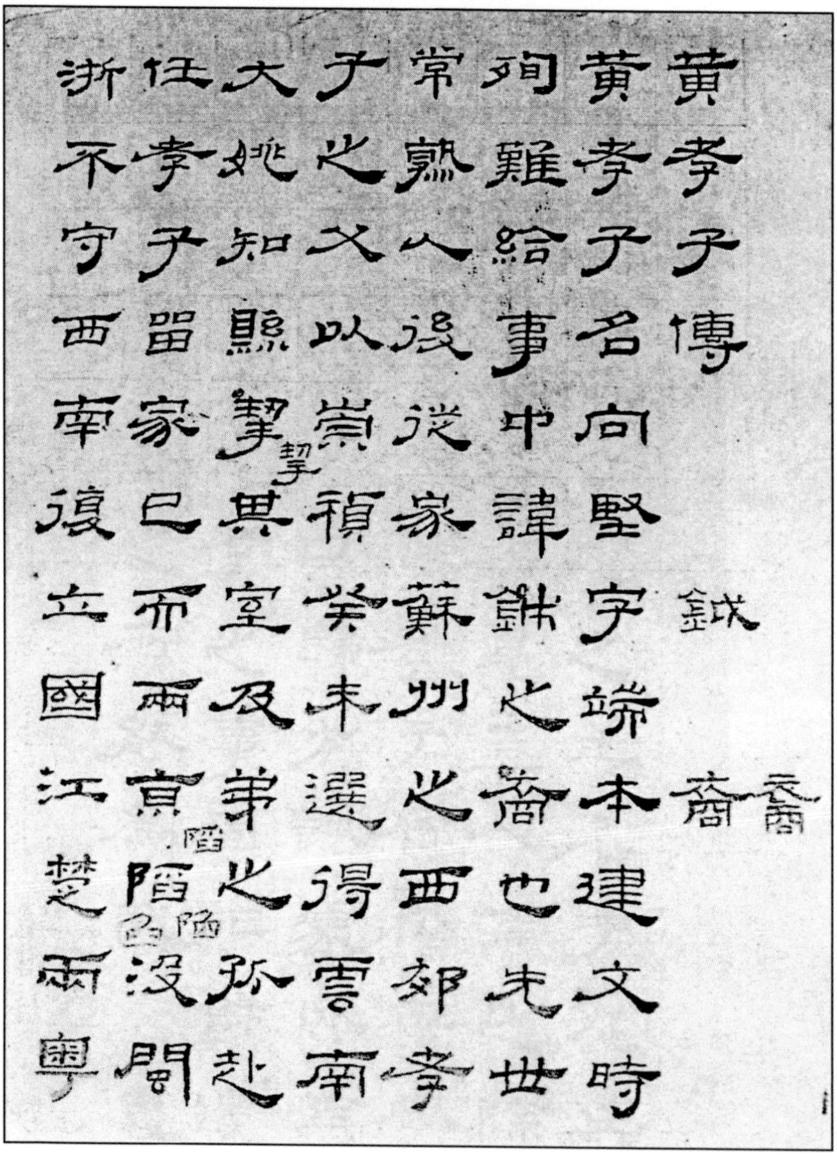
黃孝子傳
黃孝子名向堅字端本建文時
殉難給事中諱鉞之裔也先世
常熟人後從家蘇州之西郊孝
子之父以崇禎癸未選得雲南
大姚知縣挈其室及弟之孫赴
任孝子留家已而兩京陷沒聞
浙不守西南復立國江楚兩粵

丁氏家族提供

註：黃孝子傳，清代歸莊（字玄恭）譔文。於沈雲龍選輯《明清史料彙編集八》第七冊《歸玄恭（莊）遺著》季錫疇原輯，第 28 頁至 37 頁得見全文。文海出版社，民國 62 年 3 月初版。

圖 5-44　黃孝子傳隸稿 29

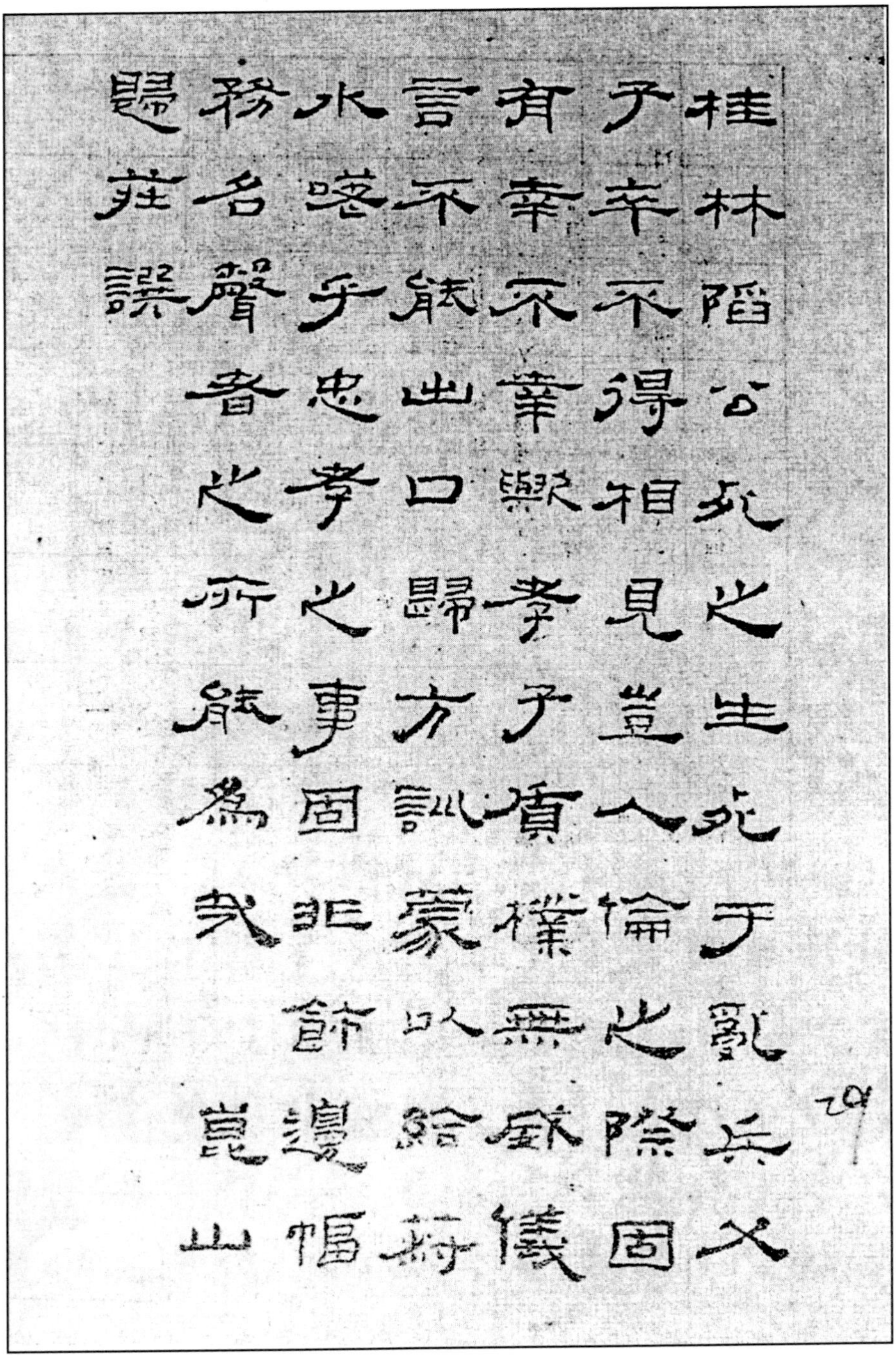

丁氏家屬提供

三、書寫技法

　　關於執筆技法，筆者亦曾向吳平先生當面請益，吳平先生雖非丁念先入室弟子，但當丁念先在世時，常前往丁家請教關於漢碑的種種問題，雖然二人在書學上努力的方向不同，但丁念先均知無不言，言無不盡的傾囊相授。因此在書壇上是對丁念先書寫的細節，知之最深者。吳平先生記得，丁先生執筆不高，不懸腕，以食指、中指、無名指在前，大拇指在管後同中指位置，緊緊捏住筆管，控制中鋒運筆，如此尚可轉動筆桿，達到緊而能活的狀態。承吳平先生不棄親為筆者示範丁念先的執筆之法，並說他的執筆之法是宗法丁念先之法為之，並為筆者當場示範丁念先執筆之法（圖5-45）。丁念先長子丁瑜、三子丁璟亦為筆者示範執筆之法（圖5-46、5-47），除有懸腕與不懸腕之異外，確與吳平先生執筆方法相同。

圖 5-45　吳平先生示範丁念先先生之漢隸書寫執筆方法

圖 5-46　丁瑜示範執筆之法

（左）立姿　（右）坐姿

圖 5-47　丁璟示範執筆之法

緊緊捏住筆管，用力之極，應該已經達到古人所說，無法抽動筆管的緊實狀況，因此，吳平先生曾在丁家書桌上見到甚多缺去筆管的筆頭，詢之於丁先生，答曰：「筆管已經捏破了！」〔註57〕這種情況不是一般寫書法的人能夠想像的，因為一般書寫毛筆的人都知道，毛筆用舊時，筆鋒先損，鮮少有堅硬的筆管捏破的，可想而知，丁念先說寫隸書用十分力，用力太大，連筆管都會捏破。在書史上亦有「捏破管」的記載，明代解縉於《春雨雜述·學書法》中說：

> ……大要須臨古人墨跡，佈置閒架，捏破管，書破紙，方有工
> 夫。〔註58〕

捏破管之說，原以為僅僅是古人對臨書之勤與執筆用力的形容而已，不意竟也發生在現代；以丁念先習書之勤，亦不意外。

至於書寫技法，據張清治教授告知，丁念先書寫隸書的特殊處，在於其執筆與身體姿勢，約是以手回腕而腿半蹲之勢，執筆運行甚緩，極其用力，彷若與他力相抗〔註59〕。對於此點，其好友當代畫家高逸鴻先生曾笑謂：「作書時全力集中，每逢波磔，猶如地震。」〔註60〕

當年有一批愛好書法的青年，請教他關於書法入門的執筆運筆方法，他說「書法無捷徑，唯有勤練久寫。」〔註61〕談到執筆運筆的方法，他主張「要運全身之力，集中於右臂指腕，一字寫成，汗流浹背。如此久而習慣，乃覺輕鬆。」這種傾全力寫字，袁帥南氏亦謂其「用力未免太過。」〔註62〕

於是他的隸書不同於別人的渾厚密茂，而是筋骨遒勁，極意波發，力求跌宕。蔣赤霄敘《書法論》「力量」一節曾云：「作書用全力，筆劃如刻，結構如鑄，間用燥筆，如抽繭。惟知篆隸，方能解此。」于大成也記述說：

> 他尤對漢碑下過功夫，我嘗親見他作八分書，正身端坐，全神
> 灌注，真可說得上一絲不苟。但寫行草時，則較為隨便。他嘗說：

〔註57〕見附錄之2004年2月15日〈吳平先生訪談錄〉。
〔註58〕解縉《春雨雜述》，收在百部《叢書集成初篇》之《寶顏堂秘笈·彙函》中，民國五十四年藝文印書館景印刊行。
〔註59〕於2003年2月25日評審全省美展返程時與張清治教授同車，請教其師丁念先先生書法問題。
〔註60〕中道「丁念先先生隸與草」一文，台灣新生報，民國59年8月18日副刊。
〔註61〕中道「丁念先先生隸與草」一文，台灣新生報，民國59年8月18日副刊。
〔註62〕見中道「丁念先先生隸與草」一文，台灣新生報，民國59年8月18日副刊及——中道〈念聖樓主丁念先的遺作〉《藝壇》30期，59年9月24頁。

作篆隸要用十分力，作行草只要三分力。〔註63〕

作篆隸要用十分力，清代朱履貞曾說：「運一身之力盡歸臂腕，望如曲鐵。」〔註64〕丁氏作書，自是有所憑本，而非漫肆其力〔註65〕。綜合以上，爲吳平先生執筆臥腕稍異，其餘皆同，然從吳平先生特別欽佩丁念先小字隸書（如「焚扇記隸書扇面」書乙瑛碑一百零九個字），當年丁念先臥腕執筆示範，也是合理的。

四、印　章

據《海上繪畫全集》年表中對丁念先的記述，說他「山水法董、巨，偶摹秦漢小印。」〔註66〕記載上說他很早就開始刻印，在來台後還刻了若干印章，但數量極少〔註67〕。

據筆者親訪丁念先長公子丁瑜府，承丁瑜先生提供丁念先生前用印，計有二十四方。其中有丁念先自用印、謝夫人印，以及若干舊印收藏。加上《念聖締緣集》中印有八方印樣，其中有六方印是前未見的。加上墨跡上所用印章，共集有四十一方印章。

在丁念先自用印方面，他最常用的〈念先〉朱文名印（印1），與謝夫人〈聖鏞〉（印2）白文名印，是對章，是早年在上海時錢厓（瘦鐵，1896～1967）刻的，錢厓所作還有〈丁守棠印〉白文雞血石名印（印3）〔註68〕。另有款署「松庵」的〈年來壯志消磨盡〉白文印（印4）〔註69〕。上海時期的印章，有陳巨來（1905～1984）刻的〈丁幹印信〉朱文印（印5）〔註70〕，是祝賀丁念先訂婚的禮物，還刻了〈丁守棠〉白文印（印6），這兩方印都收錄在《念聖締緣集》中。在《念聖締緣集》中還收錄〈丁守棠〉（印7）〈謝聖鏞〉（印

〔註63〕于大成〈丁念先先生二三事〉，頁102，《重編上虞丁念先先生書畫遺墨》，1991年，書藝出版社。

〔註64〕見朱履貞《書學捷要》二卷，收在《知不足齋叢書》中，爲《百部叢書集成》之第二十九，民國五十五年，藝文印書館影印刊行。

〔註65〕中道〈念聖樓主丁念先的遺作〉，頁24，《藝壇》30期，59年9月。

〔註66〕參見《海上繪畫全集》年表，頁1013，上海書畫出版社，2001年12月。

〔註67〕2004年承丁瑜先生相告。

〔註68〕邊款署「瘦鐵爲守棠刻」。

〔註69〕邊款署「松庵刻」，未詳何人，印風較古。清人程士璉字商始，號松庵，江蘇常熟人，能詩，工墨筆蘭竹，亦精刻印。

〔註70〕邊款署：「念先仁兄、聖鏞女士訂婚紀念，廿五年元旦巨來」。

8）對印，〈丁念先〉（印9）〈謝聖鏞〉對印（印10），還有〈守棠書畫〉（印11）、〈念聖樓〉（印12）共六印，祇見印樣，不知治印者，都是上海時期的自用印章。

來台以後，以好友王壯為為他刻印最多，單單是輯入王壯為《玉照山房印譜》中的就有八方之多，且每印均精。如〈念先審定〉小印（印13），王氏下書：「余為念先刻收藏印甚多，此為最早。」〔註71〕收藏印還有〈丁念先隨身長物〉〔註72〕（印14），是以漢簡筆法所刻。〈念聖樓書畫記〉朱文印〔註73〕（印15）款署學黃牧甫、〈念聖樓收藏書畫記〉〔註74〕白文條印（印16），有黃牧甫之簡勁意。〈丁念先讀碑記〉朱文印（印17）等。閒章有三枚，一是引首白文印〈始寧〉（印18）、一是〈書宗兩漢〉白文印（印19），常見於其隸書書跡上鈐蓋，有長邊款：「世人金石並稱，然金石刻文風格自異，此印刻時，參想西京石墨，希其與念先社長兩漢書風之能相發也。壯為。」三是〈詩狂克念作酒聖〉細朱文閒章（印20），是丙申年（1956）王壯為偶讀圖籍「雙井」見此七字所摘刻的，款云：「念聖樓主口不言詩，心多奇句，未嘗輟酒，終日如春。偶讀雙井見此七字摘刻奉教。狀為丙申儌麋研齋。」係擬仿王福庵（麋研齋）篆法所刻。宋黃庭堅〈謝答聞善二兄九絕句〉詩云：「詩狂克念作酒聖，意態忽如年少時。」黃庭堅所居（洪州）江西修水縣西部附近有井名為雙井，土人汲其水所製「雙井茶」極富盛名。其他未錄入印譜的印章還有〈上虞丁氏〉白文印〔註75〕（印21）、〈念聖樓〉白文印（印22）〔註76〕、〈念聖樓秘笈〉朱文印〔註77〕（印23）、〈念聖樓藏書記〉朱文印，款署「學黃牧甫」（印24）、〈上虞丁氏念聖樓收藏金石書畫古刻善本記〉朱文收藏章〔註78〕（印25）等，王壯為先生為丁念先所刻的印，合計有十二方之多。至於〈念先審定〉（印26）朱文印、〈念先長年〉朱文印（印27）〔註79〕，等二印則是吳平先生所刻。

〔註71〕《玉照山房印譜》（上），第11頁之2。
〔註72〕《玉照山房印譜》（上），第22頁之2。
〔註73〕《玉照山房印譜》（上），第26頁之2。
〔註74〕《玉照山房印譜》（上），第27頁之1。
〔註75〕邊款署「念先永用，壯為刻。」。
〔註76〕邊款署「念先道兄命刻，乙未初夏壯為。」。
〔註77〕邊款署「王壯為」。
〔註78〕邊款署「壬辰五月壯為台北作」。
〔註79〕邊款署「念先鄉先生吾家正之此，乙亥春正鄉後學吳平。」。

其他還有僅見於墨跡的〈丁〉〈念先〉朱白文小對章（印28）、〈念先五十歲後作〉（印29）二印，不見於丁府收藏，不知是何人所刻。丁念先常用在藏書上的〈上虞丁氏念聖樓藏書〉朱文橢圓形條章（印30），常用於墨跡上的〈上虞丁氏〉白文印（印31）也不見於丁府收藏，亦不知作者。

丁府藏印中還有一些印章是無署款的，如常用的〈墨緣〉（印32）白文印，可能是丁念先的自刻印。無款的〈林青〉象牙章朱文印（印33）、〈柏齡印〉白文〈佛生〉朱文連珠印（印34）、〈無名江上草〉白文印（印35）、〈鉏經堂收藏金石文字〉（印36）白文印，以及前述松庵款的〈年來壯志消磨盡〉白文等，大都是他的收藏舊印。

其他如陳鴻壽刻〈百一山昉〉朱文印（印37）、葉舟刻〈海寧沈泥〉白文印（印38）、介庵〈得天居士〉白文印（印39）、年穀〈靜盧室主〉白文印（印40）、〈蘭坡〉朱文印（印41）、以義〈復堅庵〉（印42）、〈寧愚〉（印43）等，都是他收藏的舊印。

印 1 〈念先〉	印 2 〈聖鑛〉邊款「厓」	印 3 〈丁守棠印〉邊款「瘦鉄爲守棠刻」	印 4 〈年來壯志消磨盡〉邊款「松庵刻」
印 5 〈丁榦印信〉	印 6 〈丁守棠〉邊款「巨來篆」	印 7 〈丁守棠〉	印 8 〈謝聖鑛〉

印 9〈丁念先〉	印 10〈謝聖鏞〉	印 11〈守棠書畫〉	印 12〈念聖樓〉
印 13〈念先審定〉	印 14〈丁念先隨身長物	印 15〈念聖樓書畫記〉	印 16〈念聖樓收藏書畫記〉
印 17〈丁念先讀碑記〉	印 18〈始寧〉		

印 19〈書宗兩漢〉	印 20〈詩狂克念作酒聖〉
邊款「世人金石並稱，然金石刻文風格自異，此印刻時參想西京石墨，希其與念先社長兩漢書風之能相發也。壯爲」	邊款「念聖樓主口不言詩，心多奇句，未嘗輟酒，終日如春。偶讀雙井見此七字摘刻奉教。壯爲丙申僊麋研齋」

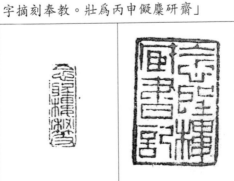

印 21〈上虞丁氏〉邊款「念先永用，壯爲作」	印 22〈念聖樓〉邊款「念先道兄命刻。乙未初夏壯爲」	印 23〈念聖樓秘笈〉	印 24〈念聖樓藏書記〉邊款「學黃牧甫。壯爲壬辰二月」

印 25〈上虞丁氏念聖樓收藏金石書畫古刻善本記〉邊款「壬辰五月壯爲台北作」	印 26〈念先審定〉邊款「念先鄉先生法正，乙亥春堪白吳平」	印 27〈念先長年〉	印 28〈丁〉〈念先〉
印 29〈念先五十歲後作〉	印 30〈上虞丁氏念聖樓藏書〉	印 31〈上虞丁氏〉	印 32〈墨緣〉
印 33〈林青〉	印 34〈柏齡印〉〈佛生〉	印 35〈無名江上草〉	印 36〈鉏經堂收藏金石文字〉

印 37〈百一山房〉	印 38〈海寧沈泥〉	印 39〈得天居士〉	印 40〈靜盧室主〉
印 41〈蘭坡〉	印 42〈復堅庵〉	印 43〈寧愚〉	

第四節　行草書法的特質

　　丁念先的草書作品，單張成幅的並不多，他的行草多是作爲隸書作品的款署及題簽，相當具有特殊的丁氏風格，而且風格上相當一致。這種風格與當時諸書家非常不同。中道先生評論說：

　　　　試觀他的草書，純然從北碑漢隸中胎脫而來，結體運筆與時下諸家劃然有別。看過於右老的草書，張默君的草書，曾克耑的懷素，王壯爲的今草，便覺丁氏的草書別具一格，且見古意。〔註80〕

他的草書頗見古意，是大家都贊同的，當代書家王壯爲曾小評：

　　　　念先諸作，以行書及小楷爲新面貌。其行書眞如古婦人著古衣裙，御古釵佩，躞蹀庭除，卻有姿致。〔註81〕

又說：

　　　　丁念先行書宋人小詞，筆致跌宕，搖曳生姿。

王壯爲推崇他行書有姿致，是以一個當世書家的眼光看到丁念先的行草書的特質，因此在其存世時，他的行草就有其地位。他不常寫行書，直到民國五

〔註80〕中道〈念聖樓主丁念先的遺作〉，頁 24，《藝壇》30 期，59 年 9 月。

〔註81〕王壯爲〈十人書展九人評〉頁 26 暢流書苑——1962 年 9 月 28 日第四次十人書展歷史博物館。

十一年（1962）年第四次〈十人書展〉時，他才首次展出行書，而其行書不如說是行草較爲恰當。

張隆延對丁念先寫草書的評價：

> 兼作大篆、行草，意見古趣；妙在得筆能蒼能遒，復使羊豪；
> 柔翰而奇正都使人心折骨驚，目明神醉。〔註82〕

一、融碑入草

丁念先的行草書風是以碑書入草的，這並不是他的獨創，書史上的書家，更早的如顏眞卿、李邕、歐陽通等，均有將篆體或隸體之特色運揉入楷，創造出另一種書道之美的嘗試〔註83〕。若論以碑入草的書家，以清代書家何紹基最爲重要，他正是此一書法理念的延續者之一。他嘗言其一生主要書論立場：

「余學書四十餘年，溯源篆分，楷法則由北朝求篆分入眞楷，遂爾無種不妙。」他五十九歲跋顏眞卿「麻姑仙壇記」時提及：

> 顏書各碑意象種種不同，而此碑獨以「樸」勝，正是變化狡獪
> 之極耳。

此即爲何紹基所強調的「古勁厚遠之氣」、「參差超邁之趣」的來源之一。同年再跋一董其昌書卷，說道：「香光此次豎起筆尖，頓折入樸，極爲精緻。」

所謂「頓折入樸」之所用筆，亦可視作何紹基自身由隸入楷之筆法精義之微論。何紹基一生由北朝求篆分入眞楷的此一書論立場，書風體現碑學的精神，並眞正實現了前人書學的理想，他的「意兼南北」，或是「篆分眞草只一事」，以偉大書法和書論，證明了帖學與碑學的相容與融合，相信是影響後人由碑入草努力的最早的因素之一〔註84〕。

丁念先的行草書風，亦是繼續前輩書家的腳步，以碑入草。用隸書行筆來寫草書的當代大家，還有于右任。至於丁念先與于右任的草書用筆，筆者認爲在基本處是有若干相同的，但卻分向不同的方向發展，怎麼說呢？他二人的草書風格，都是以隸書之起筆藏鋒圓筆，體勢則爲不盡方正而帶圓，其

〔註82〕 十之〈十人書展第二回〉，頁18，《文星》第六卷第六期總36、49、10、1。
〔註83〕 《金石跋》，卷五，4頁。
〔註84〕 參酌杜裕明〈何紹基書論探析——從其對晉以後之書法評論談起〉，頁51，《美育》103期，1999年1月（19）。

若無起止的筆勢，宛然有古代書家所追求之「屋漏痕」之古意，實已充分貫徹了以隸書筆意，且又能維持草書書體完整之特質，如「書王之渙出塞詩」草書（圖 5-46）；以碑書的濃重用筆，一轉為草書之蜿蜒，呈現了隸、草書風交融之美感〔註85〕。

在體會以碑入草之後，二人分途而行，于右任所走的草書之道，是恢弘博大的，朝向大幅的、簡約的創作方向，開創出一片古今草書從未曾有的磅礴氣勢，成就了「一代草聖」的美名。而丁念先的行草，如「書王之渙出塞詩」草書（圖 5-48），將碑書的濃重用筆，在轉為行草書的蜿蜒時，卻以放逸之姿，在行書和草書之間不拘形式的游走，因此在書姿上有奇峭之筆，有縱橫之氣，變化萬端，迥異於他隸書之嚴整茂密。于大成說：

> 他尤對漢碑下過功夫，我嘗親見他作八分書，正身端坐，全神灌注，真可說得上一絲不苟。但寫行草時，則較為隨便。他嘗說：
> 作篆隸要用十分力，作行草只要三分力。〔註86〕

上節已說明丁念先作八分書的嚴謹與用力，從這段可靠的記述中，說明了丁念先在書寫隸書與行草時的態度，是多麼的不同。祇用三分力來寫行草，是如何的輕鬆自在，恣意的揮灑出行草矯若游龍的意象。正如玉燕樓書法云：

> 觀古人之贊草草者，游雲渴驥，怒貌驚蛟。又曰：龍跳天門虎臥鳳闕。又曰：春蛇入草，暮雁歸蘆，又曰：輕煙淡古松，山開萬仞峰……又曰：行乎不得不行，止乎不得不止。自始至末，一筆渾成，夫豈易事？

在丁念先〈書臨桂馥百戶姜君墓表隸書長卷〉的長款草書（圖 5-49）中，當可體會其作書祇用「三分力」的縱容自在，墨跡由濃轉淡再轉濃的變化，筆勢由濃重而至墨盡意未屬之飛白乾筆，呈現一種意猶未盡的美感，在中鋒正筆蜿蜒而行，若有止而未止，行而顧首之姿，至於字體大小參差，兼以左顧右盼，疏密恣意為之，筆觸落差也極大，這種種連結而成一種變化萬端的放逸之美。

〔註85〕楊式昭〈于右任的草書藝術〉《國立歷史博物館學報》1999 年。

〔註86〕于大成〈丁念先先生二三事〉頁 102《重編上虞丁念先先生書畫遺墨》1991年書藝出版社。

圖 5-48　書王之渙出塞詩草書

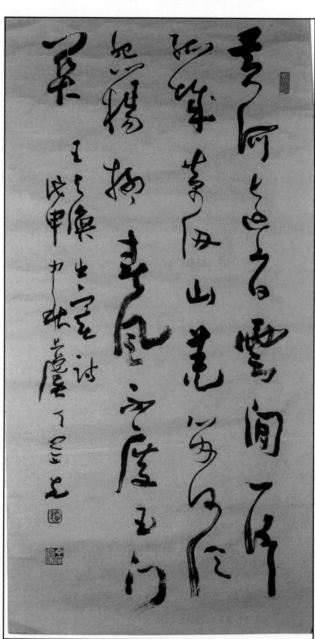

丁氏家族提供

款：王之渙出塞詩　戊申中秋上虞丁念先
印：念先、丁守棠

圖 5-49　丁念先書臨桂馥百戶姜君墓表隸書長卷的長款草書

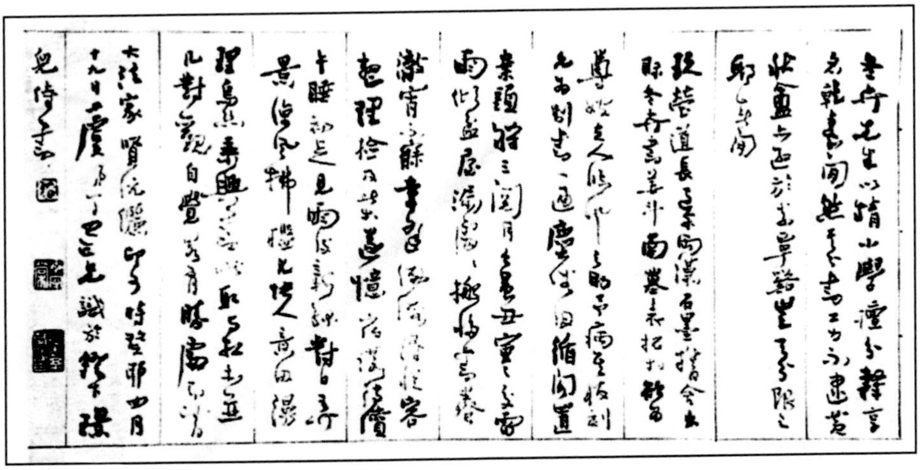

中道先生甚至認爲他的草書是書壇的絕響了：

> 他的草書一筆貫串，緊湊綿密，時而展筆作勢，以舒其氣。凡
> 是古人讚美草書之詞，他幾乎佔其十分之五六。我從而認爲念先的
> 隸書，雖冠絕時賢，後人或許還可追擬（丁瑜臨其隸書可以亂眞），
> 而他的草書，恐怕眞的要成爲絕響了。〔註87〕

中年以後，除了勤識、勤寫草書，深刻體認了章草、今草、狂草的精髓之外，
也極爲留心在當時敦煌、樓蘭、居延等地新出土之漢木簡，如羅振玉所印流
沙墜簡。漢代木簡上特殊的隸草書寫，呈現一種自由揮灑的風格，使當時的
書家大爲驚嘆，如王壯爲、張隆延、曾紹杰等書家，都進入漢簡書法的領域
探索。漢代木簡上隸書自由書寫的方式，與碑刻隸書的嚴整，是全然不同的
表現方式。漢簡的隸草書寫方式，恰正是自碑入草的書寫過程中的關鍵點，
此一隸草的自由書寫方式，對丁念先的書風應該有著一定的影響。

　　此外石門頌的書體，也使丁念先體認書字上的「放縱」，和「一筆書」的
表現方式，他說：

> 王蘭泉稱「是碑勁挺有姿致，推爲東漢人傑作」，方小東稱其
> 「縱橫勁跋」其命字之垂直，突過二字，爲後世王大令，以至懷素
> 游絲描邈一筆書所本。楊惺吾以爲「行筆如野鶴閒鷗，飄飄欲仙，
> 六朝疏秀一派，皆從此出。」吾鄉羅叔薀先生名之爲草隸。蓋馳騁

〔註87〕中道〈念聖樓主丁念先的遺作〉，頁24，《藝壇》30期，59年9月。

排岩，用筆與孔廟三碑不同。爲禮器碑陰及兩側字差近。謹嚴一路
既有基礎，即可學此放縱。此是摩崖，地處幽陰，施拓不易，故字
多完好。〔註88〕

現檢出上文中所說的「石門頌」中的「命」字（圖 5-50），最後垂直向下拉
長的一筆，長度是突過二字的，這開啓了後世「一筆書」。在丁念先的許多
行草落款中，確見此一最後垂直向下拉長的一筆，如「也」字的長筆、「書」
字的長筆（圖 5-51）、「耳」字的長筆均是，這即是受到石門頌草隸的相當影
響。雖然他一生中並沒有留下臨習「石門頌」隸書的書跡，但確受到書寫行
草的影響。

　　丁念先的習書淵源，實皆有其脈絡可循，習碑是有其時代性之背景，何
紹基的書論「由北朝求篆分入眞楷」的由隸入楷書風之實踐，此一不同的書
體的交融觀念，是影響習草的因素之一。漢簡上飛揚的隸草書風，又開啓了
另一扇通往「由隸入草」的門戶。並在適當的關鍵時機，得到激發，「由隸
入草」的組織架構至此於焉完整。如何匯融古代書法養分，終至形成一種以
漢隸爲基礎的濃重渾穆的現代行草書體，下了較明確的註腳。

　　丁念先來台後書跡以分隸爲表，偶作行草，大多借句元倪雲林，元四大
家之一的倪瓚，由於他性情高邁，纓紳仕宦人家，如果不是文行有道，單憑
勢利很難得到他的作品，因此在至元末年，他的畫聲價甚高。沈周所謂「江
南人家以有無倪畫論雅俗。」〔註89〕文人慕高士，借句倪瓚，以舒情懷是理
所當然之事。然而仔細檢視丁念先的收藏中，有元倪高士瓚詩草眞跡，共四
十六頁。存各體詩一百三十六首，又未完殘缺者二首。此稿爲明天順四年《荊
溪蹇朝陽刻倪高士詩集》之所從出，清季奧中各家叢帖，頗多選刻〔註90〕。
有此寶貴收藏無怪乎取之不盡，源源不絕。

〔註88〕丁念先〈兩漢石刻文字與石刻畫〉（下）《大陸雜誌》第三十卷第六期。
〔註89〕張光賓，元四大家，國立故宮博物院印行，1975.6.29。
〔註90〕汪伯琴，念聖樓書畫展觀後記。

圖 5-50 　〈石門頌〉中「命」

最後垂直向下拉長的一筆，長度突過二字

圖 5-51

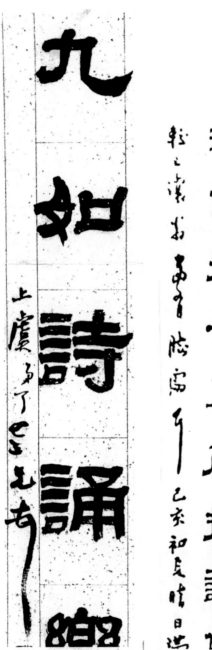

丁念先書跡落款行書「也」（右）、「耳」（中）、「書」（左）三字，均是垂直
向下拉長的一筆，「也」字更長過三字。

第五節　其他書風

　　關於丁念先的楷書，書跡數量不多，楷書面貌以宋詞集聯「小結屋三間」（圖 5-53）最具代表性，其面貌落筆厚重，應是從臨習顏眞卿書法轉成的風格。另一件自題「古今圖書集成」楷書封面（圖 5-52），亦可見到其顏書的痕跡。至友王壯爲評他的楷書說：

　　　　念先諸作，以行書及小楷爲新面貌。其行書眞如古婦人著古衣裙，御古釵佩，蹀躞庭除，卻有姿致。小楷書經，也是初以示人，筆致脫俗，自非凡熟。〔註91〕

至於丁念先的篆書，數量也極少，王壯爲也有說：

　　　　散盤大聯，其大空前，但作散盤並非第一次。〔註92〕

以目前所見的資料，僅《遺墨集》中有〈集散氏盤銘五言聯句軸〉及〈臨散氏盤集句七言聯〉（圖 5-54）兩件篆書而已，都以散氏盤爲書臨之對象。此可能受其師駱文亮篆書專書散盤有關。並且在篆字上貫徹了駱文亮「篆體結體多長，余取其圓」的法則。所書古樸厚重，與一般書篆者講究鐵線篆，或均勻嚴整者大不相同。《重編上虞丁念先書畫遺墨》中錄印數頁丁氏無款的篆書練習，含括了大篆及小篆，故知丁氏在篆書上也是下過功夫的。而他的甲骨文書跡就更少了，丁念先在〈六十年來的碑學書家簡介〉論文中，談到與甲骨文書家董作賓之間的書學討論：

　　　　他（作賓）和羅叔言同樣終身研究甲骨文，也同樣以寫甲骨文出名，卻和我們所習見的甲骨文不同。四十九年秋，國立歷史博物館舉辦第二屆十人書展，他參觀我所寫的甲骨文聯，彼此就談到用筆的方法，他很謙虛的說，自己寫得不好，後來彥老謝世，他的公子曾對人談到他父親對寫甲骨文的一段話，主張寫甲骨文一定要表現出契刻的味道，這就是那次我和他討論的內容。

在這段紀錄上，麥鳳秋有不同的意見，認爲：

　　　　丁氏素來強調篆、隸的金石韻味和甲骨文的契刻味；上述說法似乎認爲董作賓的「契刻」筆法是和他討論後的表現手法。事實上，

〔註91〕王壯爲〈十人書展九人評〉頁 26 暢流書苑──1962 年 9 月 28 日第四次十人書展歷史博物館。
〔註92〕王壯爲〈十人書展九人評〉頁 26 暢流書苑──1962 年 9 月 28 日第四次十人書展歷史博物館。

董氏摹寫拓本，始終保有契刻的趣味，或許晚年部分曾加入少許金
文筆法，而更多的作品，董氏是想讓未刻的甲骨文圓筆精神能夠再
現，所以並不過度加強契刻筆趣，因此和一般人的寫法或觀點略有
出入〔註93〕。

由於丁念先墨跡流散，無法尋得丁念先在四十九年第二屆「十人書展」中所
展出的「甲骨文聯」，因此無法進行與董氏作品的比對，不能不說是一件憾
事。

圖 5-52

〔註93〕麥鳳秋《四十年來台灣地區美術發展研究之五》書法研究研究報告展覽專輯
彙編，1996 年 1 月，台灣省立美術館。

圖 5-53

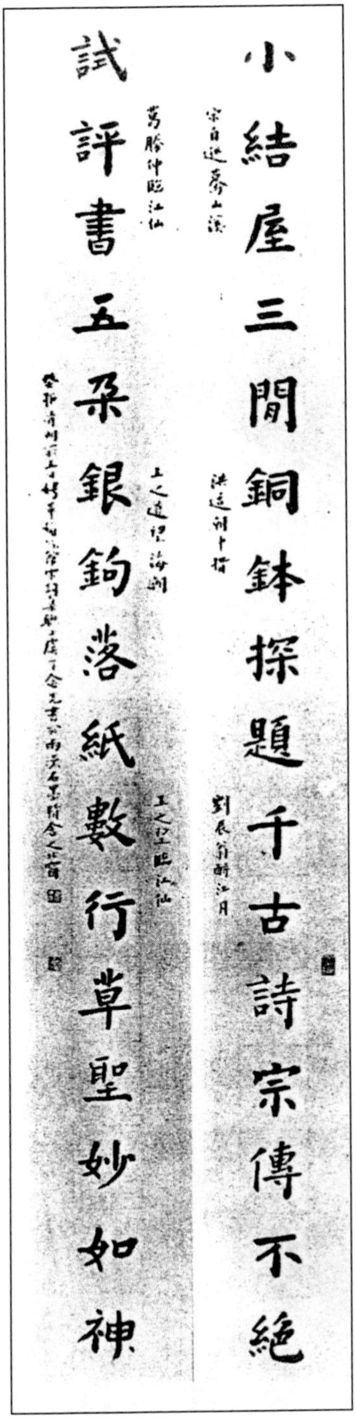

小結屋三間銅鉢探題千古詩宗傳不絕

試評書五柔銀鉤落紙數行草聖妙如神

圖 5-54　臨散氏盤集句七言聯

1960（民國 49 年），摘自《上虞丁念先書畫遺墨》第廿四頁

第六節　繪　畫

丁念先早年在上海是繪畫的，據《海上繪畫全集》年表中，說他「山水法董、巨，偶摹秦漢小印。喜藏書。」〔註94〕好友于大成也證實此點：

> 念先作山水，據說始於二十餘歲，當時他參加上海的書畫雅集，耳濡目染，決意先學山水，友人中鄭午昌、賀天健對他固然有所影響，而有正書局和神州國光社的珂羅版古畫冊，多少也有著啟蒙作用。因而所作山水，含有龔半千的沉鬱，戴醇士的秀淨，王石谷的繁密和石濤的雄奇，由於書法的基礎深厚，用筆用墨，已較普通畫人勝過一籌，通幅不易找到率筆與敗筆，大體說來，是屬於文人畫一脈。〔註95〕

王壯為亦說：

> 念先早入海上題襟館，多隨諸老游集，年齡最幼，其時已以能畫知名朋輩中，然平生未嘗多作。……亦由自弱冠以來，所接者多老宿，所見者多名跡，陶鎔浸潤自然脫略故也。〔註96〕

丁念先二十餘歲開始繪畫，且以畫知名，渡臺之後，就沒有提起畫筆，民國五十年（1961年）己亥，他在「焚扇記」一文中，說：「異日，石緣復來索畫，然予不作畫將三十年矣，未敢遽應，苦石緣再請，不得不心許之，而遲遲終未著墨。」三十年不作畫，因此，這張山水畫扇面（圖3-10）是在台作畫的第一件作品，此畫墨氣襲人，饒有古意，與《海上繪畫全集》年表所說「山水法董、巨」的風格相符。之後他陸續作畫，五十五年（1966）為了祝總統八十大壽，竟分別畫了四尺、六尺兩幅山水，一般人才見到了他的畫〔註97〕。

這張畫今日已不能得見，幸筆者承丁瑜先生提供該畫題額（圖5-55）書曰：

> 「予不作畫已三十餘年，中華民國五十五年冬，為我總統蔣公八秩華誕，新中國出版社籌，祝嵩壽徵畫于予，欣然命筆，不記工拙也，上虞丁念先。」

〔註94〕參見《海上繪畫全集》年表，頁1013，上海書畫出版社，2001年12月。

〔註95〕中道〈丁念先遺作隸與草〉台灣新生報，民國59年8月18日副刊報紙。

〔註96〕王壯為〈王跋〉，頁105，《重編上虞丁念先先生書畫遺墨》，1991年，書藝出版社。

〔註97〕于大成〈丁念先先生二三事〉，頁102，《重編上虞丁念先先生書畫遺墨》，1991年，書藝出版社。

圖 5-55　祝總統蔣公八秩華誕繪畫題額

丁瑜先生提供

王壯爲亦說他「渡台後十餘年間作書不少，作畫蓋不及十之一，而筆意高夐，
又非尋常阡陌、攀宗附派者比。」〔註98〕他的山水畫，以文人之筆意，造高
遠之境界，可惜作畫太少，在他過世之後，只留下了二十幅山水畫〔註99〕。
筆者在丁府承丁瑜姐弟檢出丁念先未署款之山水畫作四幀，暫定名爲「松瀑
圖」（圖5-57）、「山水」（圖5-56）、「淺絳山水」（圖5-59）、「松巖圖」（圖5-58）。
確有筆意高夐，墨氣沉鬱蒼茫雄奇之境界。

<hr>

〔註98〕王壯爲〈王跋〉，頁105，《重編上虞丁念先先生書畫遺墨》，1991年，書藝出
　　　　版社
〔註99〕于大成〈丁念先先生二三事〉，頁102，《重編上虞丁念先先生書畫遺墨》，1991
　　　　年，書藝出版社

圖 5-56　「山水」　　　　圖 5-57　「松瀑圖」

丁瑜先生提供　　　　　　丁瑜先生提供

圖 5-58 「松巖圖」　　　　　圖 5-59 「淺絳山水」

丁瑜先生提供　　　　　　　　　丁瑜先生提供

第七節　獨創的隸書面目

　　丁念先獨創的隸書風神奇絕面目，是人所公認的。如當世著名書家王壯為在〈跋上虞丁念先先生書畫遺墨〉說：「其嗜漢碑殆由於擅爲分隸而致。」又評論丁念先隸書風格說：「念先之隸則茂密古秀自成一格，大異於清代民初諸家之所爲，論隸不重完白，亦不宗覃溪，嘎嘎獨造，謂其度越前修非虛

譽也。」〔註100〕

　　丁念先書寫隸書，又研究碑學，因此對隸書的體認有其獨到的心得，古人所謂的「金石氣」是無法滿足他對於隸書書寫的高標準的。他鑽研刻在石上的隸書，揣摩古人書寫的隸書神韻，甚至對於碑陰也去臨寫，碑陰上的書法與碑書的規整謹嚴大不相同，呈現一種雖不嚴整而較爲自由的書寫方式，這種書寫方式對他有一定的影響。他在書法中線條強調乾濕的變化，運行中亦有律動之美，有時更誇張其波磔，可說是窮變化於方整之中。清嘉慶年間朱履貞認爲：「夫運其心，次運其身力，運一身之力盡歸臂腕，望如曲鐵。」〔註101〕他的書寫卻呈現出一種「力盡歸臂腕」的張力，使隸書線條呈現「望如曲鐵」的力道，先生所作與其他書家的最終區別亦是在於此點。中道述云：

　　　　念先作書，骨肉亭勻，神采內蘊。衛夫人所謂「以力運者多骨，不以力者多肉」，念先執筆既以力運，而不多骨，亦不多肉，其間對於力的善運，自有妙悟。清人張廷相認爲：多骨則爲「癙鵠」，多肉則爲「墨豬」，必也貫其力於畫中，斂其鋒於字裡，則縱橫大小，無或慚矣！惟會心於直緊二字斯能得之。他又論及肉法，認爲字之肉，係乎毫之肥瘦、手之輕重也。然尤視乎水與墨，水淫則肉散，水嗇則肉枯，墨濃則肉癥，墨淡則骨瘠，粗則肉滯積則肉凝。故古法云：欲求體肉之適均，先審口靡之融液，然則磨墨之法不可不講也。其訣曰：重按輕推遠行進折，丁氏用力，完全是貫其力於畫中，斂其鋒於字裡，深得直緊二字之妙。而其用墨水分適中，濃淡得宜，對於水墨的處理，妙徵上乘，才能至於骨肉亭勻；神采內蘊，而富雅趣〔註102〕。

一、學人之書

　　若論丁念先的隸書，首先是以氣質出眾，此自然是與其學養豐厚有關。張隆延曾說到他的書道成就，有三個「人不如」之處：

　　　　念先但以書道論，即得三個「人不如」：對兩漢拓墨搜羅之勤；

〔註100〕王壯爲〈跋〉《上虞丁念先先生書畫遺墨》。
〔註101〕引陳代星《中國書法批評史略》，頁二四七。
〔註102〕見中道「丁念先先生隸與草」一文，台灣新生報，民國59年8月18日副刊及——中道〈念聖樓主丁念先的遺作〉，《藝壇》30期，59年9月24頁。

著錄鑽研之深；發揚東京人結法運筆之美也。

張隆延對虞君質的「學人之書」，提出了更精簡的區分。

念先所作是「學人之書」，可是，自古以來有許多「學人」，聲名顯赫而書道藝平庸。那種以人傳、以官傳、以欺世傳的「學人之書」，該不在君質評贊念先法墨的字義之內。

又說：「念先作漢人八分，神明炳煥，頓復舊觀；他是洞識本源，翰不虛動的學人；能分別條貫；復能融會眾長。」

他認為丁念先的學人之書的氣質是來自「他積學冥探，得了「筆」，具「古」法；寫散氏盤及金文字，也雄邁淳厚，遊刃有餘。」〔註103〕

馬紹文也認為丁念先因為擁有精於鑑藏的學養，在「名榻妙墨，大多寓目」後，自然「融會於胸中久而且精，因之出筆超脫，勝人一籌，其最擅美者當推隸書，緩急相應，映帶多姿，沉著雄厚，頗得古法。余習隸書久，夙知其難，若念先者，蓋善變而能守正者也。〔註104〕」

二、隸書書風的形成

丁念先的隸書書風之形成，雖然他在《兩漢石刻文字與石刻畫》（下）文中說道：「我是從禮器打基礎……我也勸朋友們要學隸書，應從禮器碑開始。〔註105〕」

他雖如此推崇〈禮器碑〉，他自己是否以〈禮器碑〉打基礎，卻是令人懷疑的。據《海上繪畫全集》中所載丁念先條下：

書宗兩漢，于〈乙瑛〉、〈史晨〉、〈華山〉諸碑致力尤深，為師友吳昌碩、高野侯、丁輔之、趙叔孺推許。〔註106〕

從這兩段話可知，民國三十八年以前，在他的上海時期，也許致力的是〈乙瑛〉、〈史晨〉與〈華山〉諸碑，並未提及〈禮器〉。他的老師褚德彝的隸書是專攻〈禮器〉的事實看來，丁念先早期對〈禮器碑〉或有涉獵，卻並非其致力處。不過從在臺現存作品中，他臨寫〈禮器碑〉的碑陰、碑側的作品數量，卻是與〈史晨〉、〈乙瑛〉、〈華山〉是等量齊觀的，而且終其一生，越來越重

〔註103〕評價──張隆延〈十人書展第三回〉，頁24，《暢流》。
〔註104〕馬紹文〈十人書展〉《暢流》28卷7期，22頁，1963年11月16日。
〔註105〕丁念先《兩漢石刻文字與石刻畫》（下）《大陸雜誌》第三十卷第六期，27頁。
〔註106〕盧輔聖主編《海上繪畫全集》上海書畫出版社，2001年12月，930頁。

視〈禮器〉,〈禮器〉的碑陰、側,給予他隸書創作上極大的影響。而他的隸書結字,也神似褚德彝的隸法。

因此,他應是以〈乙瑛〉、〈史晨〉與〈華山〉、〈禮器〉當作基礎,來台後兼習〈禮器〉碑陰側,才出現了特殊的風格。文中闡述〈石門頌〉:

> 楊惺吾以為「行筆如野鶴閑鷗,飄飄欲仙,六朝疏秀一派,皆從此出。」吾鄉羅叔薀先生名之為草隸。蓋馳騁排岩,用筆與孔廟三碑不同。惟禮器碑陰及兩側字差近。

其中重要的一點,他觀察到〈石門頌〉的草隸書風,可以和〈禮器〉碑陰及側字差近而接軌,因此感悟的說:「謹嚴一路既有基礎,即可學此放縱。〔註107〕」參酌〈禮器〉碑陰、側及〈石門頌〉的放縱,他的隸書因此出現了有行距無字距的大膽嘗試的創作,而又因漢簡的隸書得到更進一步的啟發。

出土的木簡〔註108〕,它是漢隸沒有失真的墨跡,已表現出熟練的用筆技巧,運筆有遲有速,轉折有方有圓,收筆有銳有鈍,特別是顯現出隸書筆劃「蠶頭燕尾」的典型特徵。清代中葉以來,「流沙墜簡」不出,崇碑派概據唐代孫過庭《書譜》中所言之「篆尚婉而通,隸欲精而密〔註109〕」的隸書之精密為主要學習對象,名家眾多,如鄧石如、趙之謙等。然在隸書的茂密而言,後出的漢簡誠是更進一層,在字距的變化上更加活潑而自由,從丁念先的〈漢韓勑節禮器碑補題隸書〉〔註110〕,可見其無字距之茂密。這種書寫形式也表現在他的題簽書風之中,因此,可以說是最具其個人面目的隸書代表。

三、書跡中隸書結構的分析

在丁念先中期(1956年至1962年間)作品的創作,博涉眾家,廣泛使用各種書體,含括隸書、篆書、楷書及草書;在隸書方面,此時期較受禮器

〔註107〕丁念先《兩漢石刻文字與石刻畫》(下)《大陸雜誌》第三十卷第六期,28頁。
〔註108〕流沙墜簡──清光緒末葉,甘肅敦煌等地,出土了漢晉竹木簡牘多種,其後又繼續有所發現。羅振玉整理分類,影印問世,共為一冊,定名為「流沙墜簡」。《流沙墜簡》羅振玉、王國維編著,中華書局出版,1993年9月第一版,1999年3月北京第2次印刷。
〔註109〕《書跡名品》叢刊,二玄社刊,第70頁98條。
〔註110〕《上虞丁念先先生書法遺墨》,頁24。

碑及史晨碑的影響，書風較顯現瘦硬與疏朗之感。同時亦初涉寬博的乙瑛碑，及書風華美的重刊本夏承碑，所作或亦出現肉多於骨，尤以左撇筆較爲肥厚，迴鋒之勢未出。

到丁念先作書晚期（1963 至 1969 年間）的作品，已轉爲專攻隸書作品，其書寫隸書在左撇右捺間，已經有中宮緊收、波磔開展，左右分馳、呼應對稱的氣象，兼以生動活潑，如同姜夔《續書譜》中所言：「撇捺者，字之手足，伸縮異度，變化多端，要如魚翼與鳥翅，有翩翩自得之狀。」

其次，丁念先在臨寫禮器碑碑陰時，發現碑陰書寫雖然不若正碑的嚴謹，但出現一股非常自由的豐富變化，因此將其字距大於行距的章法佈局，結合爲字距極爲緊密，且行距寬鬆的書藝形式。這種上下串連，有行無列，縱行之距疏朗，字距較密，字勢前後呼應連貫的章法，空間形式最能因應書法筆劃遞出、結字成篇之勢，而且有連貫流動的特徵，建立了自己獨特的書風。

丁念先認爲：隸書從起筆到收筆，要全神灌注，筆筆著力，決不能馬虎草率，每一筆之間的距離平均。他舉例說：如「里」字以一直爲中心，橫筆兩邊長短相等，橫筆與橫筆之間的差距也十分平均，又如「自」字，以頭上一撇爲中心，中分「目」字，使兩邊長短相等。而「目」字間的橫距也十分平均（圖 5-60），除此之外，爲了書寫美觀起見，一字中應避免有兩筆挑筆，不過古碑中並非沒有這種現象的。但爲美觀起見，古碑上，如禮器碑的碑陰及兩側題名，就沒有注意橫行，也極好看的〔註 111〕。因爲禮器碑的字，用筆最挺勁，結體最嚴密，變化最多，碑陰及兩側尤入化境，而補題名各行更饒奇趣。因此在隸書結構上，得力於禮器碑最多。

〔註 111〕丁念先〈談八分書〉《藝粹雜誌》24 期第十五頁，民國 57 年 9 月 30 日。

圖 5-60

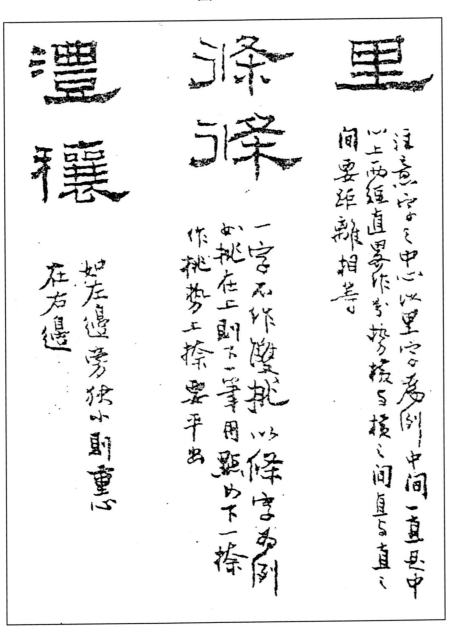

四、獨特創造面貌

在研習書法時，均以臨摹古人碑帖，作爲入門上手的手段，以便熟習書法的技法與工具，但在研習一段時期以後，便要放下碑帖，創造書家自己的

面貌。這種研習書法的進階，可說是數千年未有改變。但當書者熟練於書寫以後，有些人便一直侷限於原來研習碑帖風格的範圍，再也跳脫不出。當然也會有極少數的書家，因為有卓越的聰明才智，一變再變，終而形成自己的書風。

一位書家想要創造獨特書風與面目，真是談何容易！自古以來，習書多從臨摹開始，等上手熟練後，又亟思擺脫古人面目，自成一家，做到的書家真是歷歷可數。這方面的討論是非常的多，如清代在都下最負盛名的書家翁方綱、劉鏞，他們身居顯位，執書壇牛耳，有一次，翁方綱對女婿戈仙舟說：問問你的老師（指劉鏞），哪一筆是古人？劉聽說後，說：我自成我書耳，倒要問問你岳父，哪筆是自己？這生動的揭示了革新與守舊的兩種觀點〔註112〕。

師法古人有有三種情況，一種是抱定某家、某帖，終身師之而不敢越雷池一步，為古人書奴。另一種雖學名家，淺嘗則止，功力不足，過早地信筆為體，作成夾生飯，貽笑大方。第三種是師古而不泥古，兼收並蓄，為我所用，瓜熟蒂落，創出自己的風貌〔註113〕。這段話可以呼應下一小節所言，臨書「似與不似」的主題。虞君質在看到「十人書展」中丁念先的作品後說：

> 念先此次出品共十件，計有臨西嶽華山廟碑、禮器碑、乙瑛碑、魯峻碑、韓仁銘碑、八言隸書對聯、十一言小聯、合作屏聯、隸書詩品屏，以及為了他夫人逝世十週年祈福而寫的聖經新約條幅。以上雖只寥寥十件出品，但已可從中看出，念先對於漢隸所積數十年功力之深，已逾尋常。我對念先書法所得的總印象是：骨肉亭勻，肥瘦適中，行神灑落，氣韻渾成！宋曹在書法約言中說：「太瘦則形枯，太肥則質濁，筋骨不立，脂肉何附？形質不健，神采何來？肉多而骨微者，謂之墨肉；骨多而肉微者，謂之枯藤！」在念先的書法中，看不出上述的諸種弊病！〔註114〕

張隆延也認為他的武梁祠字有新意，虞君質認為他已經達到一種完美的境界。但是他的至友王壯為確有另一個看法：

> 念先諸作，以行書及小楷為新面貌。其行書幀如古婦人著古衣

〔註112〕王冬齡〈碑學巨擘鄧石如〉《書譜》雙月刊，第七卷第二期（總39期），1981年4月出版，第33頁。

〔註113〕王冬齡〈碑學巨擘鄧石如〉《書譜》雙月刊，第七卷第二期（總39期），1981年4月出版，第32頁。

〔註114〕虞君質〈談漢隸〉頁231《藝苑精華錄第一輯》，1962年。

裙，御古釵佩，蹀躞庭除，卻有姿致。小楷書經，也是初以示人，
筆致脫俗，自非凡熟。散盤大聯，其大空前，但作散盤並非第一次。
餘隸書是其本門特長功夫，十之謂其武梁祠字有新意，然鄙意仍覺
其新意太少也。〔註115〕

在這部分，筆者見其原作於遺墨集十六頁，想王壯為所說的「新意太少」的
意思，是不見丁念先特有的左右分勢，因此麥鳳秋所言也就中肯，認為丁念
先此作過於謹守漢人矩度，如同宗孝忱執著於秦篆風範一般，不敢像行草般
適度含、拓，氣勢終受限制〔註116〕。

（一）似與不似的問題

　　書家最初均以臨摹古人碑帖，作為研習書法時，熟習書法的技法與工具，
這種研習書法的進階，可說是數千年未有改變。在臨碑帖時，究竟是要如何
去臨寫古人的書法，王壯為在一篇名為〈玄圃瑣言──十人書展的一些雜碎〉
中，所論頗為精闢，因此不嫌繁瑣，茲錄於下：

　　　　書盟曾五（曾紹杰），可以說是十人中最認真的一位。此公平
　　時臨事，絲毫不苟，寫字也是一筆不苟。今年臨何道州，一筆一劃，
　　一轉一折，務必作到毫髮俱似為止。會前曾對我說：「我與你不同之
　　處，是我主張臨某一家，務必求其無處不像，而你則是臨某一家並
　　不斤斤計較其如何相像。」我聽了不覺大笑起來。

　　　　紹杰的話說得很對，但這牽涉到一個老問題：作書究竟是應當
　　「法古」呢？還是應當「開新」呢？自古以來，名書家各自都創下
　　了一番光輝偉業，可是個人的造就卻可以說無一相同。義獻不同於
　　鍾張，大令也不同於內史；北朝各碑，幾乎無一相同；其有近似者，
　　或即為一人所書。唐諸大家無一面目相同者，雖大小歐陽，父子之
　　間，面目亦各有異，一如義獻情形。又如一人作書，也並不以千篇
　　一率為重：褚河南所書諸碑，雖皆為褚體，但各不相同，顏魯公所
　　書各碑亦然。其原因或由於書時年齡幼長之不同，但書家時時以追
　　求新境界為務，則是可以斷言的。即以何道州而論，除了早期學顏

〔註115〕王壯為〈十人書展九人評〉，頁 26，暢流書苑──1962 年 9 月 28 日第四次十
　　　　人書展歷史博物館。
〔註116〕麥鳳秋《四十年來台灣地區美術發展研究之五》－書法研究－研究報告及展
　　　　覽特輯彙編，台灣省立美術館，1996 年 1 月。

形神俱似以外；其後他所致力最深的漢碑，每種臨寫，動輒十百通，但試以原碑對看，其外狀實在不能說是如何相像，甚至應當說是不像才對。但是我們說，何子貞所臨禮器碑、衡方碑，寫的不像還可以；但是我們說他對書學沒有造詣，沒有成就則斷乎不可。由此可見，他的成就並不在於「像」，相反的卻是在於「不像」。類似這樣的例子還很多，董其昌、劉石庵、臨帖的墨跡流傳在世的常常可以遇到，但與原帖均不相像，起碼外貌是如此。不過他們少時所臨，卻是極力撫摩，極意於似；但我們都是看重不像的作品，因爲其中有他們自己的境界在也。

其實我並主張臨某一家務求其不像，我只是認爲作書不應專以「臨某家便和某家一樣」爲目的。所謂能入能出，才見本領，才有自己。我覺得寫字的人應當有這樣的抱負。此次念先之臨漢碑，狷夫臨伊墨卿，紹杰之臨何道州，十之之臨老米，眾口交譽，不佞私心也極爲佩服。但我更看重狷夫的草書聯，因爲此非他人，乃傅狷夫也。海藏有幾句詩我很佩服：「吾觀古書體，風氣各自勝。學之得形似，要亦近其性，誰能受束縛，一一待指證？不如盡掃去，縱筆且乘興！何須鑿妍醜，今日我爲政〔註117〕。

在這段話之後，回歸主題，丁念先是從臨摹入手寫漢碑的，他卻寫出了自己的隸書風格，這方面的評論，王壯爲說：他初學隸於駱文亮先生，於桓靈名碑無不臨撫，而一以己法運之，說他隸書有茂密古秀的韻味，與清代、民初諸家的風格不同，而「一以己法運之」，自成一格〔註118〕。基本上王壯爲還是同意他的隸書是有「己法」的獨特風格的。中道先生這方面說的更清楚：

念先平日最喜臨摹的漢隸，有西嶽華山碑、乙瑛碑、禮器碑、史晨碑、韓仁銘、魯峻碑等，有時也臨西狹頌、夏承碑。各碑字體本不同，而他在筆下所寫出的，卻大致相似。主要的他揣得立法奧秘，提攝各碑的神髓，建立丁念先的隸法，因而不論其臨摹任何碑帖，皆以他自己的隸法「一以貫之」。以往鄧完白、何紹基，伊秉綬

〔註117〕王壯爲〈玄圃瑣言——十人書展的一些雜碎〉，《暢流》22 卷第 6 期，1960 年 11 月 1 日，頁 11。

〔註118〕王壯爲〈王跋〉頁 105《重編上虞丁念先先生書畫遺墨》，1991 年，書藝出版社。

諸人，也都建立自己的書法；而後偶臨某碑令其似我，勿令我似某
碑。所謂入於古人出於古人，正是此一境界。〔註119〕

這段話說明了他早已經將各碑融會貫通，建立丁念先的隸法，因而不論其臨
摹任何碑帖，皆以他自己的隸法「一以貫之」。這種說法，正是點出了重心之
所在。他的新面貌也表現在行書和小楷上。

二、宋詞集聯

　　丁念先的隸書書跡之中，其中一個特色就是他的宋詞集聯選題。他的作
品中除了臨寫漢代碑拓之外，在隸書創作方面，有不少的宋詞集聯，書寫安
排方式比較獨特，以隸書書寫宋詞集聯，語句清麗，風雅絕倫，可說是他書
跡中一個非常突出的風格。一般書家喜用的唐詩等，在他的作品中反而很難
看到。

　　所見到的宋詞集聯書法，共有八件。其宋詞集聯是否是丁念先所集，頗
成疑問。經吳平先生提醒，並出借《娉花媚竹館宋詞集聯》，就解決了此一問
題。經筆者查閱，此八件宋詞集聯作品之詞句，均是采自《娉花媚竹館宋詞
集聯》。證之當代，卻是很少人採用此書之詞句作書，因此形成了他書作中的
一個在詞句排比上的一個特殊的風格。八件作品中，僅有民國四十八年及五
十二年兩個年份，一件無年款。四十八年所書二件，計有「美景良辰」聯、「談
辯屑瓊瑰」聯。

（一）「美景良辰」集聯（1）（圖 5-61）
　　在民國四十八年（1959 年）所寫的一件宋詞集聯，詞句如下：
　　　　美景良辰堪惜，賞心樂事難全，勸東風且與留連，勝友俱來，
　　得錢沽酒。疏筠怪石相宜，曲榭方亭初掃，對明月有誰閒坐，先生
　　自笑，秉燭看花。

書後有長款題識曰：
　　　　己亥中秋，與兒輩賭酒微醉，正擬攜杖至河畔看月，適有客持
　　傅青主山水軸求鑑定因留再飯，不覺大醉。客去見明月滿庭，碧空
　　如洗，時墀坻瓊雯緣五六株，正對月舒展，中有八蕊齊放者。內移
　　至兩漢石墨精舍，座對良久，余深愛此花，幽澹清麗，絕無富貴嬌

〔註119〕中道〈念聖樓主丁念先的遺作〉《藝壇》，30 期，59 年 9 月，頁 24。

豔之態，惜造物無情瞬時盡謝矣。觸景傷懷，爰集宋人聶冠清多麗、賀鑄萬年歡、康與之風入松、曾覿減字木蘭花、林正大醉江月、。王之道聲聲慢、吳文英畫錦堂、王詵上林春、辛棄疾水龍吟、葛勝仲蝶戀花詞句成此小聯，以誌鴻爪，不計書之大拙也。上虞丁念先並記。〔註120〕

此聯意境悠遠，除對仗工整外，詞句亦十分優美。題識中並列舉此集聯之詞引出處，係集宋人十家之詞句。經筆者研讀並按注於《宋詞》中索驥解析如下：

上聯第一句「美景良辰堪惜」集聶冠清「多麗」中第二句〔註121〕

第二句「賞心樂事難全」集賀鑄「斷鄉弦」中第十一句〔註122〕

第三句「勸東風且與留連」集康與之「風入松」最後第三句〔註123〕

第四句「勝友俱來」集曾覿「減字木蘭花」中第十一句〔註124〕

第五句「得錢沽酒」集林正大「括醉江月」第九句〔註125〕。

下聯第一句「疏筠怪石相宜」集王之道「勝勝慢」（又和張文伯木犀）第五句〔註126〕。

第二句「曲榭方亭初掃」集吳文英「三姝媚」第十三句〔註127〕。

第三句「對明月有誰閒坐」集晁沖之「上林春慢」第八句〔註128〕。

第四句「先生自笑」集辛棄疾「水龍吟」（又用瓢泉韻戲陳仁和兼簡諸葛元亮且督和詞）第七句〔註129〕。

第五句「秉燭看花」集葛勝仲「蝶戀花」第二句〔註130〕

〔註120〕摘自《上虞丁念先先生書畫遺墨》，頁 11。
〔註121〕《全宋詞》（一），10 頁。
〔註122〕《全宋詞》（一），510 頁。
〔註123〕《全宋詞》（二），1307 頁。
〔註124〕《全宋詞》（二），1315 頁。
〔註125〕《全宋詞》（四），2440 頁。
〔註126〕《全宋詞》（二），1154 頁。
〔註127〕《全宋詞》（四），2924 頁。
〔註128〕《全宋詞》（二），655 頁。
〔註129〕《全宋詞》（三），1931 頁。
〔註130〕《全宋詞》（二），726 頁。

圖 5-61　「美景良辰集聯」（１）

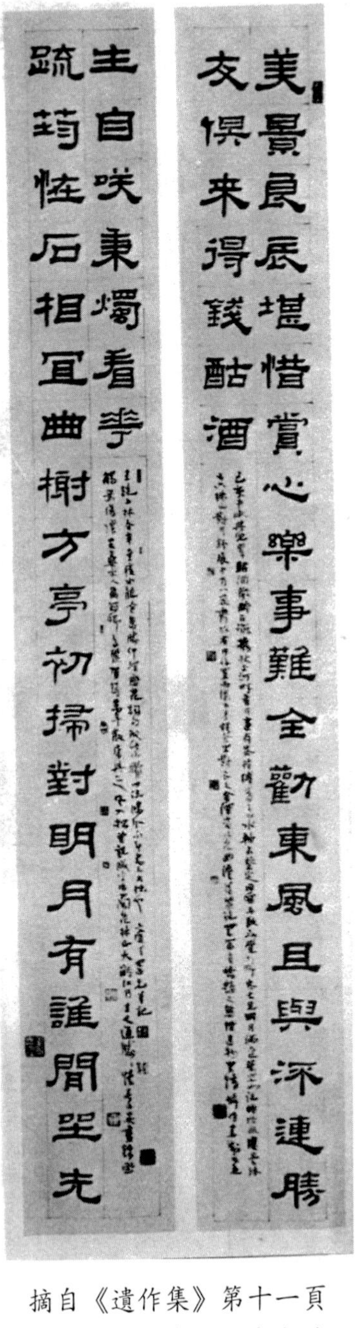

摘自《遺作集》第十一頁

美景良辰堪惜　賞心樂事難全　勸東風且與留連　勝友俱來　得錢沽酒

疏筠怪石相宜　曲榭方亭初掃　對明月有誰閒坐　先生自笑　秉燭看花

題識：己亥中秋，與兒輩賭酒微醉，正擬攜杖至河畔看月，適有客持傅青主
　　　山水軸求鑑定因留再飯，不覺大醉。客去見明月滿庭，碧空如洗，時
　　　堦坻瓊曇緣五六株，正對月舒展，中有八蕊齊放者。內移至兩漢石墨
　　　精舍，座對良久，余深愛此花，幽澹清麗，絕無富貴嬌豔之態，惜造
　　　物無情瞬時盡謝矣。觸景傷懷，爰集宋人聶冠清多麗、賀鑄萬年歡、
　　　康與之風入松、曾覿減字木蘭花、林正大醉江月、王之道聲聲慢、吳
　　　文英畫錦堂、王詵上林春、辛棄疾水龍吟、葛勝仲蝶戀花詞句成此小
　　　聯，以誌鴻爪，不計書之大拙也。上虞丁念先並記。

　　在逐句比對下，竟然發現了兩處小錯誤，一是吳文英之「畫錦堂」實爲
「三姝媚」，王詵之「上林春」，亦應爲晁沖之「上林春」之誤。這兩個錯誤，
實屬《娉花媚竹館宋詞集聯》原書的錯誤〔註131〕。丁念先在中秋月夜，信筆
直書，書成於巳亥民國四十八年（1959），時年五十六歲。

　　當中秋月夜有感而書，作較完整的書幅經營，以書長款以記其事其情。
所見長達二百餘字的長款，娓娓言來，記巳亥中秋之感懷，文辭優美，見眞
性情，更能瞭解其博學多藝的襟懷。博學雖爲書家習書之餘事，然項穆在〈書
法雅言〉中說，書家不僅要寫好字，還應全方位去具備各種知識，有「資不
可少，學乃居先」之論〔註132〕，即是「天才論」的主張論，強調後天的學習，
資與學要相互結合，才能有所成，此論非常有見地。

　　丁念先大部份的隸書創作，大都有極理性的創作格式設定，打格子所剩
下的白邊上下，都計算七比三或二比一的分出天地，再算字數打好格子，非
但顧到有筆墨處，也顧及到非筆墨的空白處的美感，整幅作品呈現虛實相生
相應。甚至感於文辭，情化於物，再從容執筆書之，因此，觀其書藝，無不
感到幽情雅致，動人心魄。

　　丁念先蓋因生涯顛沛，中年喪偶，獨立撫養一女二子成人，心境上自然
備歷滄桑，不免多愁善感；集聯中「先生自笑，秉燭看花。」看的是什麼花
呢？從題識所見，即是喜其「幽澹清麗，絕無富貴嬌豔之態」的曇花，他深
愛曇花，因說「惜造物無情，瞬時盡謝矣」，所言者不就正是他早逝妻子的寫
影？因此觸動心事，在中秋月夜見曇花盛放，而不免「處景傷懷」了。

〔註131〕此聯出於余鎮《娉花媚竹館宋詞集聯》中卷三8頁末句與卷三9頁首句，海
　　　　印樓出版，1936年12月。
〔註132〕陳代星〈中國書法批評史略〉，202，228頁。

（二）無年款「美景良辰」聯（2）

　　筆者尚收藏一件同爲此聯詞句之隸書作品（圖 5-62），惜無年款，細審之下，此作通幅用鉛筆打出界格，再復以朱墨漫筆畫成界欄，所留天地亦較他作爲緊迫，更沒有留下寫長款的空間，僅以窮款付之；因此，猜想這或應是此聯句之始本。年代亦應較早。

圖 5-62　「美景良辰集聯」（2）

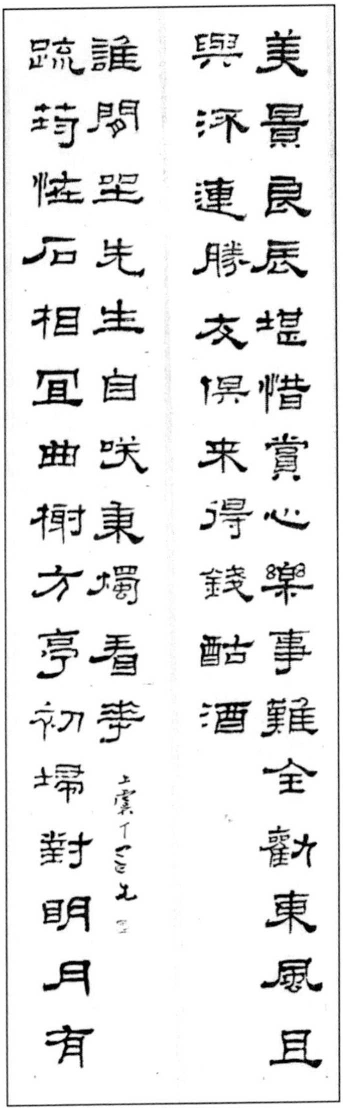

涂璨琳藏

（三）「談辯屑瓊瓌」隸書聯（附件圖）5407

辭曰：「談辯屑瓊瓌，才冠一時，論高兩漢。

事業上金石，數丁千載，惠動三台。」〔註133〕

此聯句亦出於《娉花媚竹館宋詞集聯》〔註134〕此件雖與「美景良辰」聯同是成於民國四十八年，但筆法上此聯較為厚重古樸。

在民國五十二年所書宋詞集聯，共有4件，其中一件為楷書。

（四）「小結屋三間」隸書聯（附件圖）5809

小結屋三間，銅缽探題，千古詩宗傳不絕。

試評書五朵，銀鉤落紙，數行草聖妙如神。

（五）「小結屋三間」楷書聯（附件圖）5807

小結屋三間，銅缽探題，千古詩宗傳不絕。

試評書五朵，銀鉤落紙，數行草聖妙如神。

（六）「畫鷁旁篙行」隸書聯（附件圖）5806

畫鷁旁篙行，十里荷花，綠蓋紅幢籠碧水。

嬌驄穿柳去，一庭芳草，香車油壁照雕輪。〔註135〕

（七）「喬木擁千章」隸書聯（附件圖）5805

喬木擁千章，畫堂晝永風清暑。

同雲垂六幕，細雨清寒暮掩門。〔註136〕

（八）「文采漢機軸」隸書聯（附件圖）6001

文采漢機軸，人物晉風流，正爾烏紗白紵。

水竹舊院落，櫻筍新蔬果，勸君綠酒金杯。〔註137〕

〔註133〕此聯出於余鎮《娉花媚竹館宋詞集聯》卷三，3頁，第五聯。海印樓出版，1936年12月。

〔註134〕此聯出於余鎮《娉花媚竹館宋詞集聯》卷三，3頁，第五聯。海印樓出版，1936年12月。

〔註135〕此聯出於余鎮《娉花媚竹館宋詞集聯》卷二，6頁，最後第五聯，海印樓出版，1936年12月。

〔註136〕此聯出於余鎮《娉花媚竹館宋詞集聯》卷四，2頁，最後第三聯，海印樓出版，1936年12月。

〔註137〕此聯出於余鎮《娉花媚竹館宋詞集聯》卷一，15頁，第三聯。海印樓出版，1936年12月。

民國五十四年所書之宋詞集聯，僅見一對「文采漢機軸」聯，是所書最晚的宋詞集聯，直至其逝世爲止，未再書此類。

在這八對宋詞集聯中，有七對是隸書，一對楷書。民國四十八年「談辯屑瓊瑰」聯，書風最稱濃重。除去楷書及「談辯屑瓊瑰」聯外，其餘六聯書風，如果論及丁念先的原創性書跡，正是最好的代表。六對隸書對聯中的書風性質，其中以五十二年「喬木擁千章」及五十四年「文采漢機軸」兩幅，書風最稱自然，若與其所書題簽比對，書風亦最爲相似，應是丁念先擺脫臨碑的原創性隸書之本來面目。

三、題簽──無意間留下的精采書跡

筆者在民國九十二年歲末，爲查詢資料期刊，在國家圖書館台灣分館書庫中開架的美術類中，發現若干的書籍在頁首有鈐蓋著「上虞丁氏念聖樓藏書」的藏書章（圖 5-63），顯示這些曾是屬於丁念先生前的藏書，在其中尋尋覓覓的發現了一些值得一提的書跡及資料。其中有一本《古今圖書集成字學典》〔註 138〕，此書因封面損壞，因此丁念先再題書名，用的是一張中國銀行民國五十五（1966）年的報表紙，再題上「古今圖書集成字學典」九個字（圖 5-64）。雖未署年代，由於這張報表紙，因此可知其書成的年代約在五十五年以後，在他去世前三年間所書寫，因此這正是丁念先晚年成熟和代表的書風。

「古今圖書集成字學典」九字隸書，寫得眞精采，細觀韻味無窮，九字中所有的橫筆，沒有一筆平。豎筆無一筆直者，甚至左右分勢無一相同，然橫筆俯仰相承，與豎筆相互呼應，字有長、有扁、有方，第一字「古」字，唯一的豎筆，爲取得力的平衡，令其偏左；第二今字的最後一筆，從偏左起，而突止於字的中心位置，更奇的是，第四與第五字中心豎筆幾經曲折，終在重心收筆。綜觀全書，左右分勢力道軌跡各個不同。李叔同曾說：

> 從來藝術家有名的作品，每於興趣橫溢時，在無意中作成。

〔註 139〕

〔註138〕《古今圖書集成字學典》，文星書局出版。
〔註139〕見《中國書論輯要》，1987 年 7 月，南京藝術學院，336 頁。

圖 5-63　　　　　　　　　　圖 5-64

丁念先藏書章〈上虞丁氏念聖樓　　　丁念先題簽「古今圖書集成字學典」
藏書〉

　　弘一法師這句話，可說是為上述這件題籤，下了最好的註腳。由於丁念先隸書書風的形成，與禮器碑及碑陰碑側有相當大的關聯性，他認為學禮器之後，轉師乙瑛，有水到渠成之樂〔註140〕。尤其在研究乙瑛碑時為印證漢時公文之常用語，提及「於漢簡中尤常見之」〔註141〕，也提到「居延漢簡」，從這些地方我們可以知道，丁念先對漢代碑榻墨跡研究之深。他在另一篇〈兩漢石刻文字與石刻〉〔註142〕文中，對「石門頌」的介紹：「吾鄉羅叔薀先生名之為草隸，……惟禮器碑陰及兩側字差近。」可見像禮器碑陰、側，或漢簡的有行距，而無一定字距，字或長或扁或方的佈局，丁念先稱之為「草隸」。今從「禮器碑」中集得「古圖書集成字學」七字，再從「崋山碑」中集得「今」字，於「韓仁銘」中集得「典」字，（圖5-65）彙集觀之，比對另從《木簡字典》〔註143〕取樣之「古今圖書集成字學典」（圖5-66），相較之下，丁念先此作，應無愧於古人。本件雖沒有款識，書風與已酉春（1969年）「武進錢小舲先生溪山古寺圖卷」十五字同屬晚年佳作。（圖5-67）

　　丁念先自書「式古堂書畫彙考」題籤（圖5-68），內見原書景印題籤（圖5-69），應屬高野侯所寫，原書見丁念先藏書章，昔為丁念先所藏，現藏國立中央圖書館台灣分館。

　　麥鳳秋認為他的八分書過於謹守漢人矩度，如同宗孝忱執著於秦篆風範一般，不敢像行草般適度含、拓，氣勢終受限制〔註144〕。但從這些無意間留下的隸書題籤，由於書寫的時候，是在一種較為輕鬆自在的狀態，筆者認為這才是真正屬於丁念先的隸書真貌，在這真貌當中，以小觀大，亦見到其矜持與從容的一面，見識了丁念先的隸書藝術的風華。

〔註140〕丁念先〈兩漢石刻文字與石刻畫〉（下）《大陸雜誌》第三十卷第六期。

〔註141〕丁念先〈漢魯相乙瑛請置百石卒史碑考釋〉《華岡學報》第五期，1969年3月1日，128頁。

〔註142〕丁念先〈兩漢石刻文字與石刻畫〉（下）《大陸雜誌》第三十卷第六期。

〔註143〕佐野光一編《木簡字典》，韓國翻譯版，1980年6月5日。

〔註144〕麥鳳秋《四十年來台灣地區美術發展研究之五》—書法研究—研究報告及展覽特輯彙編，台灣省立美術館，1996年1月。

圖 5-65   圖 5-66

〈禮器〉、〈華山〉、〈韓仁銘〉集字   木簡集字，取樣於《木簡字典》

圖 5-67　　　　　圖 5-68　丁念先自書「式古堂書畫彙考」.題簽

圖 5-69　高野侯書「式古堂書畫彙考」題簽

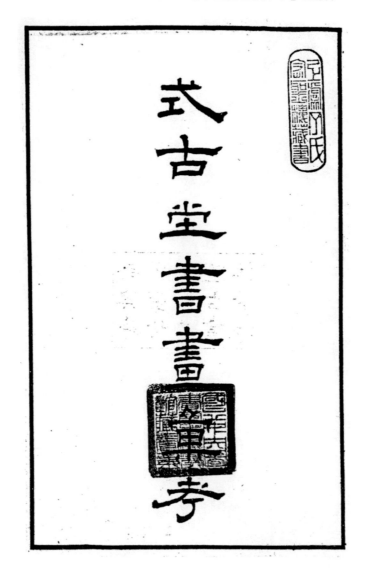

四、嚴整與放逸──隸書與草書相生相映之美

　　丁念先大部份的隸書創作，大都有極理性的創作格式設定，都計算七比三或二比一的分出天地，再算字數打好格子，非但顧到有筆墨處，也顧及到非筆墨的空白處的美感，整幅作品呈現虛實相生相應。甚至感於文辭，情化於物，再從容執筆書之，因此，觀其書藝，無不感到幽情雅致，動人心魄。其中如「良辰美景」宋詞集聯，就是其中一個最完美的例子。

　　再以「良辰美景」宋詞集聯（圖 5-61）的作一個探討分析，集聯所表現的不僅僅是前述的整幅美感而已，其左右相對、相應的隸書，引導出一種對稱的文人氣的排列秩序，融會於其中的宋詞文句，加上清麗的隸書，正是一種書與文的交融之美。聯中的隸書，在嚴整中透露著文雅與衿持的氣質，如身著長衫的士大夫端坐廟堂；在這樣嚴整的作品秩序中，丁念先卻又奇特的作出另一種安排，他卻選擇了最放逸的行草書法，作爲最後落款的題識。從丁念先的書法作品中可以知道，他的行草是自由放逸的，享有非常高的評價；用行草落款，以行草書寫長款，早已經是丁念先書法作品的一個常例，這樣一來，在作品的幅面上，出現了更深一層的嚴整與放逸的奇妙對比，在嚴肅平衡的隸書之旁，行草如天馬行空的蜿蜒行來時，卻以放逸之姿，在整幅書跡之間如春蛇入草，不拘形式的游走，這種迥異於隸書的嚴整茂密，隸書與草書之間的相生相應，可說是一種美之形式上的逆向思考。因此使整幅書姿筆致跌宕，有縱橫之氣，而變化萬端。誠如孫過庭《書譜》中所言的終致：

　　　　神怡務閑，一合也。感惠徇知，二合也。時和氣潤，三合也。
　　　　紙墨相發，四合也。偶然欲書，五合也。……五合交臻，神融筆暢。
　　〔註 145〕

丁念先的隸書與行草的結合，使整幅作品，有嚴整之美，有放逸之縱橫，如同身著長衫的文人，除端坐廟堂之上，亦善撫琴，也能在山林吟詩放歌。

　　然在崇碑與崇帖的說法上，意見常相左，連對丁念先之隸書倍加推崇的王壯爲，於《書法叢談》中，也認爲帖勝過碑：

　　　　所謂古趣，大抵出自鐫刻、鏽蝕、風雨水濕……烈日嚴寒、剝
　　　　落殘缺之後，易言之，已大失本來面目。……因此知金石氣者，亦
　　　　即失眞之謂也。……金石氣自是書法中至佳之一格之意。惟竊意凡
　　　　書宜以墨跡爲準，閱臨拓本應溯想作者眞跡揮灑之光景，不宜專重
　　　　其剝蝕斑爛之態。〔註 146〕

潘天壽於〈談漢魏石刻〉一文中也認爲：

　　　　要求用毛筆，寫出刀刻的效果，是吃力不討好的。〔註 147〕

〔註 145〕孫過庭《書譜》東京二玄社，《書跡名品叢刊》，1959 年，第 70 頁，第 129、
　　　　130、131 條。
〔註 146〕王壯爲著《書法叢談》，國立編譯館，中華叢書，1982 年 1 月。
〔註 147〕轉錄自季伏昆《中國書論輯要》，江蘇美術出版社，1987 年，第 172 頁。

在崇碑的浪潮中，惟蕭退庵說：「書跡，須有金石氣，方可脫俗。」〔註148〕

因此，丁念先從早年追求吃力不討好的「金石氣」線質追求，加上晚年學術的研究心得，使他的書法被認為是洞識本源、翰不虛動的學人之書〔註149〕，碑刻與墨跡同參。而能從清代中葉以來，惟一雄偉精密的隸書風潮中，另闢蹊徑。

概言之，丁念先之隸書，上承篆筆，繼精左右分勢，終參草意，而成就標異前人之美，無怪名家如馬紹文說：

> 念先為今之收藏家，名榻妙墨，大多寓目，融會於胸中者，久而且精，因之出筆超脫，勝人一等，其最擅美者，當推隸書，緩急相應，映帶多姿，沉著雄厚，頗得古法。……若念先者，概善變而能守正者也。〔註150〕

張隆延更是推崇他是當世隸書第一：「念聖樓日夕，但以宋、明石墨自娛。然寢饋已逾三十年，所作東京八分，沉鬱蒼遒，太陽之下，當今第一！」〔註151〕

〔註148〕《中國書法》，1986年第2期。

〔註149〕虞君質在《藝苑精華錄》裡說：念先所作是「學人之書」。張隆延再論：「自古以來有許多學人，聲名顯赫，而書道藝平庸。那種以人傳、以官傳、以欺世傳的「學人之書」，該不在君質評贊念先法墨的字義之內。念先作漢人八分，神明炳煥，「頓復舊觀」；他是洞識本源，「翰不虛動」的學人。」

〔註150〕馬紹文〈十人書展第三回〉《暢流》，28卷7期，1963年11月16日，22頁。

〔註151〕張隆延〈十人書展〉《文星雜誌》，第四卷第三期，1959年7月1日，30頁。

第六章　結　論

　　本研究之結論，係以前列各章節之分析所得略作歸納，分爲身後諸事、書道傳承、隸書的特質及當世評價等節。丁念先在世時的六十至七十年代之際，書壇上頗見對於書家的評論風氣，書學評論人以張隆延、王壯爲等爲著，丁念先亦在〈海上憶往錄〉文中，有對民國三十八年前的書家進行評論；其他如陳定山也有〈民國以來書家勢評〉刊于《暢流雜誌》。因此，此章的評價多取材於與丁念先同時的張隆延、王壯爲、虞君質等人的評論文字，均爲當世著名書家，與丁念先素日交遊過從甚密，且爲一時之俊彥，對丁念先之隸書都有一定的認識與評價（圖 6-1）。較新的資料則取材於近年麥鳳秋的對於近代書家的研究論文。

圖 6-1　丁念先攝於隸書作品之前

王壯爲攝，採自《重編上虞丁念先先生書畫遺墨》

第一節　身後諸事

丁念先於民國五十八年八月廿二日逝世，是突然的猝逝，死因則是肝疾。據于大成先生所記：「八月中突感不適，猶欲待《新藝林》五期發稿後，再延醫診治，孰知竟因而延誤就醫時間。入榮民總醫院已呈不支，兩天而溘然長逝，可謂盡瘁於藝術工作者矣。」〔註1〕

據其三公子丁璟所言〔註2〕，丁念先感到不適送醫後，神志清明，由女兒丁珩照顧，他並不知道自己病況嚴重，催女兒回家安睡，免得耽誤次日上

───────────────

〔註1〕于大成〈丁念先先生二三事〉，頁 102-3，《重編上虞丁念先先生書畫遺墨》，1991年，書藝出版社。

〔註2〕2004年3月21日訪丁瑜、丁璟、丁珩。

班，女兒回去後未料次晨卻突然逝世，逝世時身邊並無兒女在側。當時丁璟
正在服兵役，接到姊姊電報說父親病危，但請假未獲准，接著就得到逝世的
消息。

丁念先突然逝世的消息震驚了藝壇，因此《新藝林》雜誌第五期未能如
期於九月一日出刊，而且永遠停刊了。他逝世後次年，在民國五十九年（1970）
八月，國立歷史博物館曾爲他舉行爲期兩周的遺作特展。由於他生前惜墨如
金，流傳下來的遺作極爲有限。虞君質說他雖精研此道垂四十年，但所作不
輕示人，正合古人「善意者不占，善詩者不說」之旨。〔註3〕作品太少，因此
使主辦單位大費周章，經四處張羅接洽，共展出百餘幅精品，大部分是書法，
其中尤以隸書所佔的份量較多〔註4〕。在丁念先在台期間的後半生中，對於古
代書畫器物的研究與收藏，佔據了大半的時間，期間發表論文甚豐，從事研
究工作須查考資料、比對、彙整、研析，相當耗時費力，因此很難有多餘時
間從事隸書創作，這也是他創作稀少的部分原因。若有創作，也是極力求其
完美，如前述「隸書百衲四屏」，原是淘汰後淪爲墊鍋底被搶救的出來的作品，
其他不滿意而棄之的作品不知還有多少。晚年時兼以自 1967～1969 年期間擔
任《藝壇》及《新藝林》雜誌主編，還投注了相當大量的時間，不斷的發表
研究論文。因此，在台二十年的不短時光中，他的隸書創作卻僅見百餘幅作
品。

丁念先去世的次年（1970），其長公子丁瑜遵照其遺囑，將他平生所蒐藏
的「念聖樓」珍品——宋、元、明、清瓷、唐代碑拓文物近三百件，悉數捐
贈給國家，長期寄存於國立歷史博物館展出。其中包括有兩件他最愛不釋手，
形影不離的古物，一件是唐代的敦煌佛頭，另一件是晉朝的磚硯，都是我國
古代的藝術精品。即以捐贈的四十二件瓷器而言，那是他在 1968 年訪問菲律
賓時，重金收購的宋、元、明代的民間瓷器，其中尤以龍泉、德化、建陽、
廣窯所出品的瓷器，最爲完整〔註5〕。據說在丁念先生前，有不少收藏家願出
高價，收買這兩件寶貝，但他始終不肯割愛，爲國家維護了古物，其義行令
人欽敬。〔註6〕

〔註3〕虞君質〈談漢隸〉頁 231《藝苑精華錄》第一輯，1962 年。
〔註4〕張台生《台灣地區前輩美術家作品特展》(書法專輯)，台灣省立美術館，1994 年。
〔註5〕中道〈念聖樓主丁念先的遺作〉頁24，《藝壇》30 期，59 年 9 月。
〔註6〕張台生台灣地區前輩美術家作品特展(書法專輯)，台灣省立美術館，1994 年。

　　丁念先逝世五週年之後，《上虞丁念先先生書畫遺墨》終於出版，其內容多屬在民國五十九年（1970）八月，於國立歷史博物館舉行遺作展的作品。由於丁念先所流傳下來的作品極少，短短五年後，幾乎被歲月逐漸淡忘，因此，道藝室主不禁在跋中嘆道：

　　　　以一代隸筆，竟漸趨隱晦，且念翁手跡無幾流傳有限。〔註7〕

　　書家陳子和也感傷的說：

　　　　念先重道義，不拘細節，逝後世情涼薄，寂然無聞，識者憾焉！

〔註8〕

無怪他們如此感嘆，細觀在丁念先逝世後三十餘年間，除 1991 年鍾克豪重新再版《重編上虞丁念先先生書畫遺墨》之外，對於丁念先的研究及記述工作，竟可說是寥若辰星。對於這樣一位學識淵博、精於鑑賞的書學藝術家，是值得後人去研究他的藝術，弘揚他對文物研究的貢獻的。

　　據丁念先三公子丁璟說，其同安街舊居，後由其母舅謝連品少將借住多年，其舅病後遷出舊居，舊居後遭拆除，致使丁念先遺物遭到不慎處理，部份流出市面散失。十年前，筆者曾於鍾克豪先生處見到部份文物，幸有部份書札，已被鍾克豪先生印入《重編上虞丁念先先生書畫遺墨》之中〔註9〕。

第二節　書道傳承

　　王壯為在丁念先逝後出版的《上虞丁念先書畫遺墨》的跋文中說，丁念先的不朽，在是學問書畫〔註10〕。由於丁念先專研碑學目錄版本，當世無人能及，約在 1963 年至 1969 年間，受聘於中國文化學院藝術研究所，主講「書畫鑑賞」和「書道研究」等課程。造就的英才頗多。如傅申、沈以正、張清治、黃永川、高木森、李福臻、陳英德等，皆其得意門生〔註11〕。

　　他執教於中國文化學院藝術研究所時，曾擔任碩士班研究生論文指導教

〔註7〕　〈輯餘雜識〉頁 106《重編上虞丁念先先生書畫遺墨》，1991 年，書藝出版社。
〔註8〕　〈陳跋〉頁 106《重編上虞丁念先先生書畫遺墨》，1991 年書藝出版社。
〔註9〕　《重編上虞丁念先先生書畫遺墨》，1991 年，書藝出版社。
〔註10〕王壯為〈王跋〉：「念先雖化固有其不朽者，在是能超乎泯滅而永存，爲同輩所稱後來所仰，此即學問書畫是也。」，頁 105，《重編上虞丁念先先生書畫遺墨》1991 年，書藝出版社。
〔註11〕蘇瑩輝〈悼念丁念先先生〉《藝壇》，30 期 22 頁，1970 年 9 月及張台生《台灣地區前輩美術家作品特展（書法專輯）》，台灣省立美術館，1994 年。

授，1967 年指導陳英德撰寫《唐宋山水繪畫研究》〔註 12〕論文（圖 6-2），陳
生在論文首頁的感謝詞中說：

　　　　本文承丁師念先，年來辛勤的指導，除惠賜資料外，並於盛暑
　　中揮汗批閱，受益良多，敬置卷首，謹示謝忱。（圖 6-3）。

圖 6-2　　　　　　　　　圖 6-3　　　　　　　　　圖 6-4

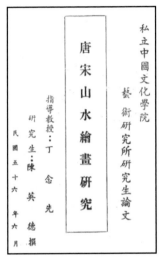
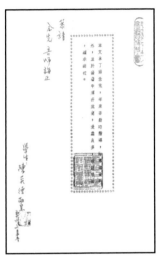
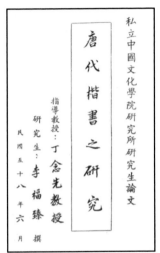

　　及 1969 年指導李福臻撰寫〈唐代楷書之研究〉（圖 6-4）論文，丁念先並
於同年八月去世。除了在學校教過的學生之外，由於丁念先並沒有書藝傳承
的弟子，這與他並未開班授徒有關。這方面，丁念先是積極培養聾啞的長子
丁瑜，教以書畫，並從高逸鴻先生學畫，能世家學。曾於 1967 年 11 月，為丁
瑜在台北國軍文藝活動中心舉行首次國畫個展，展出五十餘幅作品，可惜在
1969 年丁念先去世後，書畫創作逐漸停頓。此外，張隆延先生曾認為吳平先
生是他的弟子：

　　　「受業於念先的印人吳堪白，卓爾不群；所作已足睥睨海內外！遑論乃
師？」〔註 13〕之語，直指吳平先生為丁念先弟子。事實上，麥鳳秋在《四十
年來台灣地區美術發展研究之五》文中亦有相同說法〔註 14〕。其與吳平先生

〔註 12〕陳英德〈唐宋山水繪畫研究〉，碩士論文，中國文化學院。
〔註 13〕張隆延〈十人書展第三回〉，《暢流》，頁 24。
〔註 14〕麥鳳秋《四十年來台灣地區美術發展研究之五》書法研究-研究報告及展覽特
　　　　輯彙編，台灣省立美術館，1996 年 1 月，42 頁。

的關係，實際情況應與上述說法不同，最能成爲佐證的，則是丁瑜所藏吳平先生刻贈丁念先〈念先長壽〉朱文印的邊款所署：「念先鄉先生吾家正之此，乙亥春正鄉後學吳平。」說明了吳平先生是以「鄉後學」的身分與同鄉前輩往來。此外，丁念先在其長子丁瑜的一幅畫上的題識（圖6-5）：

> 姚江吳堪白兄爲蘭香館高弟，早有出藍之譽，瑜也時相過從，
> 獲益良多，此即堪白畫，瑜兒橅之，僅得形似。丁未中元後爲雨後
> 新課，上虞丁念先。

圖 6-5

款識中說吳平是高逸鴻先生（蘭香館）弟子，這也是丁念先在書贈吳平先生「史晨前後碑隸書」作品的款識中，以「堪白吾兄」相稱題贈的原因，二人以朋友論交，吳平先生且曾指導丁瑜作畫。這方面，經當面向吳平先生請教，回覆說：「我到現在寫隸書還是用他的這個方法，所以你說我是他的弟子也並不爲過。」〔註15〕

由此看來，吳平先生是高逸鴻先生的弟子，與丁念先顯然是屬於「亦師亦友」的情感，這在藝壇上也是相當常見的事，而且吳平先生餘時還教導其長子丁瑜作畫，並推薦丁瑜入蘭香館拜高逸鴻先生爲師。吳平先生雖非丁念先的入室弟子，但當丁念先在世時，常常前往丁家向其請教關於漢碑的種種問題，雖然二人在書學上努力的方向不同，但丁念先均知無不言，言無不盡的傾囊相授。吳平先生說他的執筆之法，就深受丁念先的執筆方法所影響，

────────────

〔註15〕見附錄之 2004 年 2 月 15 日〈吳平先生訪談錄〉。

可說是目前在書壇上對丁念先書藝之細節，知之最深者，也是最能繼承丁念
先隸書風格的書家。

第三節　隸書的特質與當世之評價

　　此節的討論，係從與丁念先同時及之後的研究者對其隸書的評語中，進
行探討其當世的地位與評價。

　　在丁念先逝世五週年時，書家陳子和已經歎其逝後世情涼薄，寂然無
聞，識者憾焉〔註16〕！在丁念先逝世後的三十餘年間，對於丁念先的研究及
記述，更是寥若辰星，真是一件遺憾的事。對於這樣一位學識淵博、精於鑑
賞的書學藝術家，是值得去研究他的藝術，弘揚他對文物研究的貢獻的。雖
然研究資料是如此的稀少，但真正的研究學者決不會忽略這樣一位重要的書
家。雖無研究丁念先隸書的專論問世，但近年來，許多研究者已經開始注意
到 1949 年前後渡海來台的藝術家，而且進行綜合脈絡性的研究，其中如麥
鳳秋是其中致力研究於這個範疇的學者之一，在他的《四十年來台灣地區美
術發展研究之五》－書法研究－研究報告及展覽特輯彙編之論文中，有對於
丁念先的評論道：

　　　　光復以來的隸書名家，以丁念先造詣最高。〔註17〕

　　並將丁念先列入論文中的第肆項「植基說文、金石考據」，與吳敬恆、董
作賓、高鴻縉、宗孝忱等人並列為當代的代表性書家〔註18〕。在丁念先逝世
三十餘年後，他仍享有崇高的的地位與評價。

　　丁念先的隸書的第一個特質，即是「學人之書」，其以文人學者之筆入書，
此為麥鳳秋列其入「植基說文、金石考據」的基礎之一。張隆延肯定其書道
成就，有三個「人不如」：

　　　　念先但以書道論，即得三個「人不如」：對兩漢拓墨搜羅之勤；

　　　著錄鑽研之深；發揚東京人結法運筆之美也。

　　可說是一語道破丁念先的一生的三種成就。虞君質在《藝苑精華錄》裡

〔註16〕　〈陳跋〉頁106《重編上虞丁念先先生書畫遺墨》，1991年，書藝出版社。
〔註17〕　麥鳳秋《四十年來台灣地區美術發展研究之五》－書法研究－研究報告及展
　　　　覽特輯彙編，台灣省立美術館，1996年1月，42頁。
〔註18〕　麥鳳秋《四十年來台灣地區美術發展研究之五》－書法研究－研究報告及展
　　　　覽特輯彙編，台灣省立美術館，1996年1月，38頁。

稱讚他的書法是「學人之書」，張隆延進一步闡述說，自古以來有許多「學人」，聲名顯赫而書道藝平庸。那種以人傳、以官傳、以欺世傳的「學人之書」，並不在此內。說他是洞識本源、「翰不虛動」的學人；能分別條貫，復能融會眾長。正因為他積學冥探，得了「筆」，具「古」法。

丁念先隸書的第二個特質是「金石氣」。因為他致力研究金石學，所以寫散氏盤及金文字，也雄邁淳厚，遊刃有餘。因此，他對古文字碑拓的認識，深化了他隸書的內涵，他曾為文闡述隸書與八分的不同，也曾從事漢碑的校碑研究，對漢碑的詮釋更洞識本源，雖然，王壯為曾說「金石氣」是失真，但不可否認的，卻是經歷漫長歲月粹鍊的一種美化工程，所形成的一種蒼渾古樸，這也是其書法中很特別的一點。王壯為在《上虞丁念先先生書畫遺墨》的跋文中說到其因為擅長書隸，才會對漢碑的收藏如此愛好〔註19〕，這一點馬紹文也是頗為同意的：

> 念先為今之收藏家，名榻妙墨，大多寓目，融會於胸中久而且精，因之出筆超脫，勝人一籌，其最擅美者當推隸書，緩急相應，映帶多姿，沉著雄厚，頗得古法。余習隸書久，夙知其難，若念先者，蓋善變而能守正者也。〔註20〕

這說的不僅僅是「學人之書」，也是「鑑藏家之書」了。

丁念先隸書的第三個特質，是他具有個人隸書風格，正如中道先生所說，他平日臨摹漢隸，雖然各碑字體不同，而他在筆下所寫出的，卻大致相似。主要的他揣得隸法奧秘，提攝各碑的神髓，已建立了丁念先的獨特隸法，因而不論其臨摹任何碑帖，皆以他自己的隸法「一以貫之」〔註21〕。王壯為也說：

> 念先之隸則茂密古秀自成一格，大異於清代民初諸家之所為，論隸不重完白亦不宗覃溪，戛戛獨造，謂其度越前修非虛譽也。〔註22〕

丁念先雖然臨寫漢碑，但明眼人都體認到他的臨書，確有以自己的隸法「一以貫之」的獨特風格，此與清代書家臨習漢碑，乃至於成就自身書風的

〔註19〕王壯為文中說：「其嗜漢碑殆由於擅分隸而致。」〈王跋〉《上虞丁念先先生書畫遺墨》。
〔註20〕馬紹文〈十人書展〉《暢流》28卷7期，22頁，1963年11月16日。
〔註21〕中道〈念聖樓主丁念先的遺作〉《藝壇》，30期，59年9月，頁24。
〔註22〕王壯為〈王跋〉《上虞丁念先先生書畫遺墨》。

途徑是一致的。這也是丁念先以師法古人途徑，提攝各碑的神髓，建立自身獨特的隸法。以往鄧完白、何紹基，伊秉綬諸人，也都循此途徑建立自己的書風；這種在書學上所謂的「似與不似」，而後偶臨某碑令其似我，勿令我似某碑。所謂入於古人出於古人，正是此一境界〔註23〕，因此，臨碑之初先學其形似，熟習之後，再求捨棄原習的形似，出於古人，成就自己獨特的書風，卻是多少書家可望而不可及的夢想。而丁念先的隸書以孔廟三碑爲基礎，再參以禮器碑陰、側的自由且茂密的筆法，參差而有行距無字距的鋪排，另闢蹊徑，與清代民初的隸書風格的詮釋相異，也超越了前人。

丁念先隸書的第四個特質，是書寫結體的美妙。虞君質說到他隸書的妙處：

> 我對念先書法所得的總印象是：骨肉亭勻，肥瘦適中，行神灑落，氣韻渾成！宋曹在書法約言中說：「太瘦則形枯，太肥則質濁，筋骨不立，脂肉何附？形質不健，神采何來？肉多而骨微者，謂之墨肉；骨多而肉微者，謂之枯藤！」在念先的書法中，看不出上述的諸種弊病〔註24〕

骨肉亭勻，肥瘦適中，行神灑落，氣韻渾成！對丁念先的隸書可說是讚賞備至。張隆延對他隸書的神妙也說：

> 嘗爲人臨華山碑，泉通八分，直探中郎奧秘，顧盼風流，不可一世。兼作大篆、行草，意見古趣；妙在得筆能蒼能遒，復使羊豪；柔翰而奇正都使人心折骨驚，目明神醉。〔註25〕

除了「筆能蒼能遒」，「柔翰而奇正」，而至「顧盼風流」的境地；即使是書家，也自讚嘆，因此說他的隸書是當今第一：

> 然寢饋已逾三十年，所作東京八分，沉鬱蒼遒，太陽之下，當今第一！念先搜奇務得之勤，一洗惡札神氣，恰是西裝米元章。善大笑唉天，但不「癲」耳。〔註26〕

丁念先民國三十八年渡海來台，台灣書壇仍然延續著以二王爲主的書風，以羲、獻一派爲主流〔註27〕。他既知書壇風潮已經由碑轉帖，但他仍繼

〔註23〕 中道〈念聖樓主丁念先的遺作〉《藝壇》30 期，59 年 9 月，頁 24。
〔註24〕 虞君質〈談漢隸〉，頁 231，《藝苑精華錄》第一輯，1962 年。
〔註25〕 十之〈十人書展第二回〉頁 18《文星》，第六卷第六期，總 36、49、10、1。
〔註26〕 十之〈十人書展〉《文星雜誌》第四卷第三期，48 年 7 月 1 日，頁 30。
〔註27〕 丁念先〈從二王書風談到董開章先生之書〉刊登於《暢流》，28 卷 1 期，19 頁，1963 年 8 月 16 日。

續從事臨碑寫隸，而且不懈怠的作碑拓方面的研究，是一個奇特的反潮流現象，這種堅持，使得他的隸書更爲特立獨行於台灣書壇，他的隸書造詣成就，在台首屈一指，恐怕環顧近代海內外，還沒有人能夠超越。

　　近年麥鳳秋對其隸書的評價，認爲光復後的台灣書壇，仍應以丁念先爲隸書造詣最高者，筆者非常同意他的看法，也就是說，在丁念先逝世三十餘年後的今日，他的隸書成就依然明燦如月，卓立於當世，無人可以超越，享有崇高的的地位與評價。